U0945737

跨文化视角下英语教学理论与方法探究

陈焰麟◎著

中国商业出版社

图书在版编目（CIP）数据

跨文化视角下英语教学理论与方法探究 / 陈焰麟著
.-- 北京 : 中国商业出版社, 2023.12
ISBN 978-7-5208-2749-2

Ⅰ. ①跨… Ⅱ. ①陈… Ⅲ. ①英语—教学研究 Ⅳ.
①H319.3

中国国家版本馆CIP数据核字(2023)第233304号

责任编辑：吴　倩

中国商业出版社出版发行
（www.zgsycb.com　100053　北京广安门内报国寺1号）
总编室：010-63180647　编辑室：010-83128926
发行部：010-83120835/8286
新华书店经销
北京七彩京通数码快印有限公司印刷

*

710毫米 × 1000毫米　16开　12印张　220千字
2023年12月第1版　2023年12月第1次印刷
定价：68.00元

* * * *

（如有印装质量问题可更换）

前　言

语言学界尤其是外语教育界对文化与交际的关系一直十分关注。文化孕育语言，语言承载文化，外语学习与使用的过程，就是一个跨文化交际的过程。随着社会对人才标准要求的提高，英语学习者的语言应用能力也备受关注，传统的以基础知识教学为主的英语教学已经难以适应社会发展的需求，英语教学需要培养的是有一定文化自觉和文化感知力的交际者，从而使学习者意识到文化学习的重要性，并自觉建立自己的文化身份，提高自己的跨文化交际能力。

随着全球化进程的加深，国际交流与合作日益频繁，文化差异已经日益引起人们的重视。在英语学习的过程中，人们倍感认识文化差异相关内容的重要性，唯有如此，学生才能从根本上了解文化差异，从而更深入地学习和使用英语。

跨文化交际能力培养作为英语教学目标的重要维度，使英语教学不再只专注语言知识和语言技能的传授和培养问题，语言交际能力成为跨文化交际能力培养的一个重要手段。由于跨文化交际中存在的文化差异，英语教学不能将英语水平等同于交际能力，英语教学的重点应该是使学生具有处理文化差异的能力，培养学生的英语语言能力、语用能力和策略能力，培养对文化差异的敏感性、宽容性和处理文化差异的灵活性。

跨文化交际能力培养彰显了英语所蕴含的人文性。英语学习使学生通过语言学习实现汉语与英语、汉语文化和英语文化的积极互动，同时加深学生对两种语言文化的理解，培养其跨文化情感、态度和意识，提高其综合素质和文化素养，有利于其养成文化交流的开放态度。英语跨文化交际能力教学目标的形成与发展，改变了英语教学单一的语言学立场，实现了向文化教学立场的转变，革新了英语教学的文化观，丰富了英语课程的内涵，凸显了英语兼有工具性和人文性双重性质的特点。

本书首先概括介绍了语言、文化、交际和跨文化交际等基本概念和基础知识，其次分析了影响跨文化交际的诸多因素，进而探讨了文化差异和跨文化交际对英语教学产生的影响，接着对各个阶段和学段英语教学中的文化渗透做了简要分析，然后从跨文化视角分析了英语应用中跨文化交际能力培养的策略，最后对跨文化视域下的英语教学改革与发展作了梳理。总体而言，本书在内容安排上具有系统性与全面性，并与具体实践相结合，具有极强的实用性。对于广大读者尤其是英语教育教学者而言，本书是一册颇具价值的参考资料。本书是作者对跨文化视角下英语教学理论与方法相关内容的研究与分析，由衷地表述了对该领域未来发展的期待和向往。希望本书能为该领域的研究添砖加瓦，为推进英语教育教学的发展贡献出自己的力量。

目　录

第一章 跨文化交际概述

第一节 文化与交际

一、文化

（一）文化的定义

对于文化定义的讨论在国内外都引起了极大的兴趣，延续的时间也很久，对文化概念的表述更是争论不休，但对于文化到底是什么，至今也没有确切的结论。从狭义上来说，文化是指人类精神活动中产生的信念、价值观念、习俗、知识等；从广义上来说，文化不仅包括精神财富，还包括人类生产、生活中所产生的物质财富。

在中国，“文化”一词古已有之，但它的含义与现代的理解有别，指与“武力”相对的文德教化。如汉代刘向《说苑·指武》曰：“圣人之治天下也，先文德而后武力。凡武之兴，为不服也；文化不改，然后加诛。夫下愚不移，纯德之所不能化，而后武力加焉。”又如晋代束广微《补亡诗·由仪》载：“文化内辑，武功外悠。”《文选》注：“言以文化辑和于内，用武德加于外远也。”而在词源学方面多追溯于《周易·贲卦·彖传》：“小利有攸往，天文也。文明以止，人文也。观乎天文以察时变，观乎人文以化成天下。”再至南齐王融《三月三日曲水诗序》：“设神理以景俗，敷文化以柔远。”“文”的含义，《易·系辞》曰：“物相杂，故曰文。”有错杂、纹路、物迹的意思，后发展为一种装饰审美、道德修养的意向。“化”有教育、变化、使有序等含义。因此，“文化”最初是指把错乱的事物进行改进修缮使之有序化，后发展为德行修养、人文教化等引申义。

西方真正现代意义上的文化研究始于19世纪后期，至今，有关文化的定义已达300余种。英国人类学家爱德华·伯内特·泰勒（Edward Burnett Tylor）将文化与文明合二为一，指出所谓文化或文明乃是包括知识、艺术、道德、法律、习俗以及包括作为社会成员的个人而获得的其他任何能力、习惯在内的一种综合体。“文化”不是某一个人、某一阶级的专利，而是以潜移默化的方式影响该文化群体中的每一个人，即文化人。“综合体”则意味着求同存异、兼收并蓄，是全社会知识、艺术、道德、法律、习俗等精神文明成果在解除碰撞中化整为一的结果。不过这种整体“大杂烩”式的定义受到了一定挑战，克利福德·格尔茨（Clifford Geertz）认为这种定义的模糊之处大大多于它所昭示的东西，容易将文化概念带入模糊笼统的困境；文化应该是一些由人自己编织的意义之网，对文化的分析不是一种寻求规律的实践科学，而是一种探求意义的解释科学。另外，有学者认为文化影响群体中的每一个人，却不等于群体中的每一个人对文化有着完全相同的理解和运用，泰勒这种将文化设定于精神层面之上的定义，剥离了物质层面的影响。当然，泰勒的文化定义，过多强调精神方面的文化，却未包含物质文化。作为文化行为产物的物质文化虽不是文化本身，但因为存在着物质性文化，而物质文化的前提是物质性资料，所以，把物质性因素从文化范围内排除出去是不可能的。

（二）文化的特性

不同学科的学者从他们不同的角度提出自己对文化的看法，力求找到一个全面的能够概括一切的定义，虽然各有侧重，但是细致分析起来，这些定义之间还是存在着不少共同点的。从这些定义中我们可以了解文化究竟为何物，也认识到文化具有复杂性的一面。归纳起来，文化的特性大致有以下几点。

1. 文化并非先天所有，而是通过后天习得的

文化虽然具有传承性，但不是生理的遗传，而是后天的习得。一个人具有什么文化并不取决于他的种族，而是取决于他生活的环境。美国文化人类学家基辛（Roger Kessing）曾指出，通过文化学习，一个婴儿可以变成部落民，或印第安农夫，或纽约曼哈顿公寓里的居民。既定的文化犹如空气，弥漫、渗透在人们的日常生活中，影响着一个人对语言、习俗、风尚的习得。

2. 文化是人们行动的指南

文化的每一个环节都规定着我们的生活，人们的衣食住行无不在文化的约束之中。比如，我们的饮食习惯就是由文化决定的。人感到饥饿是生理现象，但是什么时候吃、吃什么、怎样吃则受文化制约。中国人爱吃鸡爪，认为鸡爪美味有嚼劲，更为其改名为凤爪；在西方，人们爱吃鸡胸肉，不爱吃鸡的内脏和爪子。这便是文化差异造成的。不同国家的

人们头脑中都有一套文化规范，指引着人们在其所在的文化圈内正常地生活。

中国人有“送请”习俗，每当身边的亲朋有婚嫁、丧事时都习惯送礼金，为表示新婚、重生的意头以及表示对红白喜事的重视，也会特地准备新钱。在日本，也有办丧事送礼金的做法，但与中国人的不同之处在于，他们准备的礼金必须是皱的旧的，就算是很新的钱也会特地叠皱了送出去。如果送新钱，办丧事的一家会认为你提前就预示了丧事的发生；送旧钱代表送礼人没有料到有如此悲痛的事情发生，还来不及去换新钱的意思。

3. 文化是动态的，文化的形态与一定的历史时期相关联

文化是为了满足人类生存需要而采取的一种手段，如果生存条件发生了变化，那么作为观念形态的文化必然也会发生变化，这是文化可变性的内在原因。对中美两个国家的人来说，面对对方赞美自己，美国人会欣然接受，而中国人则更偏向拒绝接受；面对对方询问年龄，美国人会觉得被侵犯了隐私，而中国人则觉得没什么不可；中美对于自家院子的态度，中国有明确界限，但是允许外人欣赏，美国表面上开放，但是对于外来者有很重的警戒心，如有人擅自进入美国人家中就会被开枪警告或者直接被打伤。

不过，现如今这种状况正在发生改变，中国人在接受赞美方面的态度越来越开放，接受赞美、回赠赞美也是很常见的了。同时，中国人的隐私意识越来越强，对于年龄这样的问题也小心谨慎起来了。这些变化说明，对待文化，我们一定要结合文化所处的社会历史背景来观察、分析。

比如，作为国际汉语教师，在海外任教时，就需要从文化的这三个特性出发，在课堂以及日常生活中，通过讲解和身体力行，向所在国的人们展示中国传统文化的特色，也要有意识地宣传现代中国文化发生变化的方方面面，比如时间观念的加强、环保意识的提高、隐私观念的凸显，等等，力求全面地展示整体、真实的中国文化。

二、交际

（一）交际的定义和构成要素

“交际”一词最早见于《孟子·万章下》。“万章问曰：‘敢问交际何心也？’孟子曰：‘恭！’”南宋朱熹为此作注，认为：“际，接也。交际谓人以礼仪币帛相交接也。”由此可知，交际包含“交”和“接”两部分。作为一项双向性活动，其等级意味亦不明显。在英语中，“交际”可以有两种表述：一是 social intercourse，强调它的“社会性（social）”；二是 communication，突出它的“交际性”。而 communication 来源于拉丁语 commonis 一词，commonis 是“共同”（common）的意思。因此，“交际”这一概念与“社会共同”“社会共享”密切相关。事实表明，只有同一文化的人们在行为规范方面具有共性，或交际双方共享某一文化规范，才能进行有效的交际。跨文化交际是不同主流文化的人们之间的交际，当然要求双方互相理解或遵循对方的文化，只有这样，才能保证交际达到预期目标。

语言交际在本质上属于信息传播，是一个动态的系统构成，必须具备构成系统的基本要素：首先需要有交际主源，即信息的发出者；其次要有信息的接收者。在交际主源发出信息前需要对所要表达的信息进行编码，然后通过一定的传播渠道、克服各种干扰的影响以传输给接收者。接收者接收到信息后对信息进行解码理解，然后向交际主源作出反馈。

1. 交际主源

交际主源是指信息发出者，即具有交际需要和愿望的具体的人。“需要”是指希望别人对自己作为个体而存在的认可，或改变别人的态度和行为的社会需要；“愿望”是指试图与别人分享自己内心世界的欲望。从语言交际来看，交际主源是产生或激发了与不同文化背景的人进行交流需要的人。

2. 编码

编码是指交际主源依据社会、文化和交往规则，运用某种语言的词法、句法等规则对语码进行选择、组合和创造信息的过程，即思想转化成符号的过程。内心想法是不能直接与别人分享的，因此我们必须依赖符号或非言语符号来表达，因此编码是一种心理活动。从跨文化语言交际来看，交际主源总是根据某种特定的社会、文化和交往规则来进行语言符号编码的。错误的编码，尤其在使用不熟悉的第二语言的时候，常常会造成交际冲突。

3. 信息

信息是被编码的思想，它是交际主源完成编码后的结果。信息是交际个体在某一特定时空的心态的具体写照，因此就面对面的交谈而言，除了语码之外，还伴随着很多交际个体的非言语的信息，以及交际环境的信息。从跨文化语言交际来看，信息就是一个由语码、非言语信息及交际环境信息整合而成的综合体，其中渗透了某种特定的社会、文化密码。

4. 通道

通道是把信息源和信息接收者连接起来的物理手段或物质媒介，即用什么样的方式将已经完成编码的思想传递出去，比如面对面交流、电话交谈、写信、邮件往来等，也有用肢体语言来表达的方式。从跨文化语言交际来看，面对面交谈是最常见、最主要的形式，面对面交谈是通过听觉和视觉途径传递信息的最直接、最有效的方式。

5. 干扰

干扰是影响信息传递的各种因素及其组合的统称。任何交际都不是在真空中进行的，干扰是交际存在的自然状态。干扰总体上可以分为三种：外部干扰、内部干扰和语义干扰。外部干扰主要是指交际的外部物理环境对交际过程的影响，如噪声等；内部干扰则是指信息源和交际对象在解读对方信息的过程中，由于其思维方式、注意力、思想集中度的不同而对交际产生的各种影响；语义干扰则主要来自语言本身，主要指信息的模糊，比如汉语中的同音字等。

个人和社会的交际方式都难免受到制约交际的"文化规约"影响。在跨文化言语交际中，对文化解码的困难会造成文化误读，甚至交际中断。

6. 接收者

接收者指信息接收者。信息接收者与交际主源之间的连接可能是有意识的行为，接收者觉察到信息源的行为，做出反应，双方就建立了联系；双方的联系也可能是无意间建立起来的，信息接收者也可能由于偶然的机遇而截获或感知到进入渠道的信息源行为。无论哪种情况，信息总是以刺激人们感官的形式出现，通常以听觉或视觉的形式刺激信息接收者，激起信息接收者的反应行为。从跨文化交际来看，信息接收者与信息传播者是来自两个不同文化圈的交际主体。

7. 解码

解码是信息源发出信息的交际对象对信息的拆装，是一个对信息加工并积极寻求和赋予信息一定意义的心理过程。信息接收者在解码过程中，除了理解语言符号，还要解释附加的文化信息，从而准确解码。

从跨文化语言交际来看，由于交际双方属于不同的文化圈，因此在解码过程中必然会进行"文化过滤"，即通过自身的文化代码系统来解释所接收的信息，若对对方的文化符号不熟悉或不理解，产生误解甚至冲突就在所难免了。比如，我们在发音解码上的误解随处可见：一房客与房东讨论熬夜秘诀时，他说常吃 snack（零食）让他保持头脑清醒、精神集中，不料被房东听成他常吃 snake（蛇），以为他每天偷偷在房里养一堆蛇，杀了吃蛇肉，立即被吓得目瞪口呆。

8. 反馈

反馈是指信息接收者对所接收的信息采取的相应的行为选择。接收者可能对信息源行为听而不闻，视而不见，不采取任何行动，也可能立即做出反应而采取相应的行动。反馈行为表现为对对方陈述的评价，对对方疑问的应答，对对方要求的表态。如果信息接收者采取的行为符合或接近信息传播者的预期，那么交际是成功的；反之无效。从跨文化交际来看，信息接收者的反馈与信息传播者的预期是否接近，取决于双方对彼此社会、文化和交往规约的熟悉程度和语用策略的运用能力。

（二）交际的种类

交际可分为人类交际与非人类交际。人类交际有社会交际与非社会交际之分，非社会交际即内向交际，社会交际则可细分为人际交际、组织交际和大众交际三种。

内向交际（intrapersonal communication），又称“自我交际”，指的是一个人自己脑子里的自我交流活动或者是自言自语。表面上看是一个人，但也是一个交际的过程，其中包括了信息的发出和接收两个方面。自我交际一般是心理学研究范畴，跨文化交际一般较少讨论自我交际。

人际交际（interpersonal communication），即个人与个人之间的信息传播活动，也是由两个个体系统相互连接组成的信息传播系统。人际交际是两个行为主体之间的信息活动，是一种最典型的社会交际活动，也是人与人社会关系的直接体现。人际交际包括两个人之间的面对面交谈、电话交流、书信往来、小组讨论、大会演讲、电子邮件沟通等。

组织交际（organizational communication）是指在学校、公司、工厂、军队、党派等内部的信息交际。例如，机关内部的通报、学校的通知、公司部门的产品演示、部队领导讲话都是组织传播。学校、军队等组织是一个结构秩序更为严密的社会结合体，有着更为明确的目标、制度和纪律，有着严格的分工和统一的指挥管理体系，这类交际具备其独有特点。

大众交际（mass communication）是指职业化的传播结构利用机械化、电子化的技术手段向不特定的多数人传送信息的行为或过程。例如，报纸杂志、广播电视、网络自媒体等发布的各种信息等。

（三）交际模式与跨文化交际的关系

交际是以什么方式来运作的，就是交际模式的问题。最早对交际模式进行阐述的是美国政治学家哈罗德·拉斯韦尔（Harold Lasswell），他提出了“5W”模式，即 Who（谁）、says What（说什么）、in What channel（通过什么渠道）、to Whom（对谁）、with What effects（得到什么效果）。这个模式简明扼要地把交际的过程直观地表现了出来，人们据此可以进行交际发出者研究、交际内容研究、交际媒介分析、信息接收者研究以及交际效果研究等。但“5W”模式显然未能将信息接收者的反馈纳入其中。从交际的过程人们可以看出，编码和译码是两个最容易出问题的环节。即使在具有相同的语言和文化背景的人们之间进行交际也可能出现编码和译码不一致的情况，在不同文化背景的人们进行交际时自然更容易出现误解。例如，美国人表示友好这一信息时可以说：“We must get together soon.”（我们得很快聚聚）并没有邀请对方吃饭的意思。也就是说，他编码时使用的符号并没有邀请的含义。但是一个不了解美国文化的中国人在译码时却常常会得出邀请的信息。又如，中国人在表达问候的信息时，可以就对方正在做的事情提问，可以根据不同的情况把它编码成“写信呢?”“看电视呢?”“出去呀?”，等等，中国人在解码时一般不会发生差错，不会认为这是实质性的问题，把这些形式上的问题只理解为对自己的关心。但是，不了解中国文化的西方人士听到这些话时，在译码过程中难免会将结果理解成干涉他的私事。

第二节　文化与语言

语言与文化作为我们人类生活的两个非常重要的内容，每天都被我们使用和发展着，它们之间的关系随着各自的不断发展，也渐渐进入人们的视野之中，其中，人类学家比较早地对该关系进行了研究。

一方面，德国人类学家洪堡（Wilhelm von Humboldt）曾经说过，一种语言与另一种语言的差别，究其本质来说，主要在于世界观方面的差别，而不是在于语言的发音方面和语言的文字与符号方面的差别。另一方面，美国的人类学家萨丕尔（Sapir）和沃尔夫（Whorf）在洪堡的基础上进一步对语言与文化之间的关系进行了研究，并相应地扩大了范围，将对象扩至语言与文化有关因素之间的关系，并提出了萨丕尔—沃尔夫假说（Sapir-Whorf Hypothesis），该假说在语言与文化关系方面的研究领域非常经典，直到今天仍被人们所参考使用。

我们首先就语言与文化的相关重要理论（萨丕尔和沃尔夫联合提出的萨丕尔—沃尔夫假说）进行论述，然后对语言与文化的关系进行阐述。

一、萨丕尔—沃尔夫假说

首先，该假说对语言与文化之间关系的论证主要有三个方面的内容，它们分别是：语言、思维和行动之间存在着密切的关系；人们之间语言的不同，通常会让人们以各自的方式为主对现实世界进行感知和划分；一个人使用哪种语言进行交流，从一定程度上来看影响其怎样理解世界。下面进行具体介绍。

（一）语言、思维和行动之间存在着密切的关系

萨丕尔是北美印第安人语言的研究专家，他首先肯定了文化的重要性，并认为，语言中所使用的已经被确定的名称，已经被做好定义的相关事物，都已经属于文化方面了，其既然能够以语言的形式表达出来，是与文化有一定关系的，而这个关系被他确认为语言中词汇的分类与人们的物质生活和社会环境的关系。

他认为，词语分类方面的标准是否多样化与是否细致，从一定程度上说是人们对身边实际事物是否感兴趣与能不能感受到一些微妙内容有很大关系，一般情况下，周边事物对人们有重要意义的，人们一般都会给予充分重视并把握。例如，印第安人（这里指的是生活、聚居区域为美国西南部高原地区的印第安人）的语言系统对峡谷进行了准确而详细的分类，且分类标准也比较多样化，具体来看，即为半圆的、圆的、带溪水的、空的峡谷等。

沃尔夫是萨丕尔的学生，他表述自己的观点说，他曾在工作中发现了火灾发生原因中的一些小细节。例如，工作区域中常有“empty”字样的汽油桶，工作过程中常有工人会因为该字样而认为该类汽油桶中没有汽油，并随手扔烟头进去，这就导致了严重的火灾。他认为这是人们对“empty”这个词误解而造成的。

（二）人们之间语言的不同，通常会让人们以各自的方式为主对现实世界进行感知和划分

沃尔夫曾亲自发现一个现象，即世界上很多西方国家所使用的英语（English）与拉丁美洲印第安人种所使用的霍皮语（Hopi）对于同一事物有着完全不同的表达方法和形式。如“时间”方面，英语里对时间的标准认识是可以划分为三种时态（过去、现在、将来）的可数及不可数名词；而霍皮语对时间的认识则是一个没有时态划分的不可数连续事件。

另外，由于沃尔夫的主要研究兴趣是语法中所体现的意义结构与特定思维模式的关

系，所以他在结合自己的研究实践和经验的基础上就认为，对时间所进行的定义方面的文化不是自然而然产生的，而是与不同的人们具体使用哪种语言的长期实践所产生的一些习俗、认知密切相关的。

（三）一个人使用哪种语言进行交流，从一定程度上来看会影响其怎样理解世界

萨丕尔与沃尔夫在结合他们自己研究经验的基础上一致认为：语言表达反映思想，塑造思想世界观。萨丕尔指出："人们并不仅仅生活于社会活动的世界之中，而且处于已成为该社会表达手段的某特定语言的严格控制之下。"沃尔夫指出："世界表现为万花筒式的各种各样的感觉和印象，这些必须由我们的头脑来组织，而这意味着这些大致上是由我们头脑中的语言系统来组织的。"

由于萨丕尔—沃尔夫的这个观点最终强调的是语言对于思维的影响，可以被称作"语言相对论"，与其刚开始强调语言对思维的决定性作用的"语言决定论"相对应。

二、语言与文化的关系

语言与文化的关系密切。胡文仲先生曾在20世纪90年代末说过，语言与文化有着密切的关系。由于语言的产生和发展，文化才得以产生和传承。不存在没有语言的文化，也不存在没有文化的语言。广义的文化包括语言，同时文化又无时无刻不在影响语言，使语言为了适应文化发展变化的需要而变得更加精确和缜密。还有研究者认为，文化寓于语言里，语言中也充满了文化。而世界著名的语言教育家克拉姆契（Claire Kramsch）在他的著作里将语言与文化的关系描述为以下内容，即语言表达了文化，语言体现了文化，语言象征了文化。

下面，我们分别从概括性内容和细节性内容两方面对语言与文化的关系进行介绍。

（一）语言与文化关系的概括性内容

语言与文化关系的概括性内容具体介绍如下。

1. 语言"载动"文化

语言是文化的载体，语言里面承载着文化，同时语言自身又常常可以被看作一种非常有存在地位的文化现象，语言本身就是文化的重要组成部分之一。

文化作为"看不见"的人类生活要素，其想要对人们产生影响，需要借助各种各样的

载体（建筑、文艺、哲学等）来发生作用，各载体之间的关系也比较紧密，既互相包容又相互依赖，而语言是文化最重要的载体之一。

下面，我们对语言“载动”文化的具体原因，即语言是文化最重要的载体之一的原因进行说明。

（1）语言记载了一定区域人们的经济基础。主要指语言记载了人类社会长时间各个阶段发展的实际水平，包括生产力和生产关系、科技实力和教育水平等。

（2）语言记载了人们的文化生活。语言记载了人们长久以来所形成的生活习惯，影响人们的衣、食、住、行和交往方式等，而这些则是组成文化生活的重要内容。

（3）语言记载了人类的文化成果。语言记载了一定时期的人们所形成的知识沉淀及所积累的文化成果。

（4）语言记载了人们的“思维”。主要指语言在人们思维活动中所起到的巨大的作用即表现思维。而语言表现思维（包括表现思维的内容方面和进行思维所需要的模式方面）的过程又恰好能产生文化。

总之，语言是其所处文化的价值观念方面非常有存在价值的表现方式，此种方式不仅能表现出使用语言进行文化交流的人的价值观念，还能通过语言的具体内容来把握其不同情绪，如高兴、悲伤等，可以让我们更好地理解文化。

2. 语言与文化相互“引导”

学习语言与了解文化，两者之间是相辅相成的关系。通常情况下，我们认为，一个人所说的语言是什么样子，如语言的种类、语言的风格等，可以反映出他所处文化的一些背景。

第一，不同的语言承载着不同的文化。一方面，语言可以帮助人们能够更好、更方便地了解某一未知的文化，如导游对旅游景点的语言介绍；另一方面，由于文化的不同，人们的语言结构和语言内容一般也是不相同的。

第二，对文化的理解可以从语言中体现出来。一方面，语言可以比较直接而迅速地反映出人与人或人与某个群体之间的关系，进而帮助人们理解一定的文化，提高人们对文化理解的深入和准确；另一方面，每一种文化的语言，都可以被认为是最适宜表达或表现该文化的非常良好的方式，使用不同语言的人们认识世界、改造世界的方式也不同，对文化的理解可以帮助我们更好地去进行语言学习。

3. 文化“产生”语言

一方面，这个世界上存在多少不同种类的文化，就会相应地自然产生多少种不同的语言；另一方面，语言可以从人类不同民族的发展演化的过程中，从人类各个民族的推理、思考方式中生成。两方面都具有一定的必然性，都是人类世界发展的产物，并且，随着时代的发展而会不断生成各式各样新的语言符号。

（二）语言与文化关系的细节性内容

语言与文化关系的细节性内容主要体现在文化的价值观上，其具体介绍内容如下。

1. 不同的文化价值观念

（1）个人至上与集体至上

个体至上和集体至上往往被认为是两种完全相反的价值观。下面列举一些简单的例子供读者参考。

①中国的“众人拾柴火焰高”“三个臭皮匠，赛过诸葛亮”。

②德国的“只扫门前雪”。

③美国的“站在你自己的两只脚上”。

④日本的“出头的钉子被砸下”。

⑤以色列的“即使是在天堂，一个人独处也不好”。

（2）多言与少言

中国和其他国家（如美国、日本等）的格言、谚语也表达了不同的文化价值观念方面的内容。下面列举一些简单的例子供读者参考。

①中国的“君子欲讷于言而敏于行”。

②日本的“沉默是金”。

③美国的“吱吱作响的轮子得到润滑油”“沉默是傻瓜的美德”。

2. 相同的文化价值观念

虽然我们上面列举了很多不同的名言警句来说明不同的文化价值观念，但相同的文化价值观念也比较多而且非常重要。下面列举一些简单的例子供读者参考（以汉语和英语为例）。

①早睡早起身体好。Early to bed and early to rise makes a man healthy，wealthy and wise.

②一寸光阴一寸金。Time is money.

③活到老学到老。Man is never too old to learn.

④有志者事竟成。Where there is a will，there is a way.

（三）语言与文化的相互作用

为了更好地理解语言与文化的关系，结合前文所述，我们另外从语言与文化之间所能产生的影响的角度进行各自相应的阐述。

1. 语言的作用

一方面，从前文我们可以知道，语言是思维的载体，思维产生文化，那么，语言不仅可以“载动”文化，还能通过影响人类的思维质量等方面影响文化的发展。如早期人类语言与现代人类的语言相比就体现出早期人类语言的“稀薄”和“单调”，语言知识单单作为人们之间的交流符号而存在，这也反映了当时人们的思维局限；另外，现代热带雨林深处和某些地区土著仍然过着原始的生活方式，因此其思维发展也较为落后，其语言也没有现代人语言那种丰富的内涵。另一方面，我们的语言记录着一定的文化内容并不断地传播，语言不但可以让文化源远流长，让文化在同代和不同代人之间不停地传播，还能从各个方面不断吸收各要素而使文化不断扩展、丰富。

2. 文化的作用

语言是思维的载体，因而其可以被认为是思维的基石，也对思维模式的形成起到了很基础的作用。不过，语言只是思维的载体，并不能决定思维模式的全部要素，不能决定思维的内容，不能成为思维产生的全部原因。

在思维模式形成的有关进程中，文化一般起决定性作用，是思维模式形成的最关键因素。这也与人类出生之后，在自身文化内形成的世界观、价值观、各种想法及思考方式等情况基本吻合，也体现出主要是文化对人们起了潜移默化的影响，如熏陶、教育行为等使人们懂礼、懂法，以让整个社会和谐运转。

第三节　跨文化交际

一、跨文化交际研究的内容

目前跨文化交际研究的主流是理论研究与实践研究并举，跨文化交际以人际沟通行为和文化的互动为研究对象。由于跨文化交际的内涵涉及了跨文化传播的内容，所以跨文化交际的研究内容既包括了不同背景的人们之间的交际，又包含国际文化间的传播。

跨文化交际研究应该包含以下内容。

第一，跨文化交际学探讨来自不同文化的人们互动的关系。例如，中国人和美国人，或韩国人和巴西人之间的互动。

第二，国际传播学探讨来自不同国家代表之间的互动关系。例如，联合国里各国代表之间的互动，或日本大使和加拿大总理之间的会谈。

第三，逆向传播学探讨跨文化交际转向种族间传播的过程。例如，哥伦布登陆美洲大陆后，欧洲白人和土著印第安人之间的关系。

综合各位国际跨文化交际研究学者对跨文化交际学科研究内容的阐述，可以将跨文化交际学科的研究内容概括为以下几点。

（一）跨文化交际概念

在跨文化交际研究中，跨文化语境下的文化、交际、跨文化交际的概念的界定是其中的主要内容，因为这几个核心概念的定义涉及了跨文化交际研究存在的必要性与意义。

1. 跨文化交际研究中文化的概念

跨文化交际领域另一种常用的文化分类是将文化分为主导文化和亚文化。所谓主导文化是指一个社会掌握权力的人群所代表或体现的文化。所谓亚文化是指一些群体在分享主导文化的同时又体现出独特的文化特征的文化。

在跨文化交际研究领域，区分主导文化与亚文化对跨文化交际具有重要意义。因为人们很容易误将同一国家、同一民族的人看作是具有相同文化特征的群体，将跨文化比较主要集中在对不同国家和民族之间的比较上。

例如，我们通常会听到这样的说法：中国是集体主义文化，西方是个体主义文化。这种说法虽然具有一定的概括性，但是却忽略了亚文化群体的特征和个体差异，容易对文化产生过度概括，最终形成刻板印象，不利于人们对文化间的差异有一个正确的认知。因此，我们在跨文化交际的研究中既要把握不同文化的特点，也要关注文化间的差异性。

2. 跨文化交际研究中交际的概念

交际的概念虽然包罗万象，但是在跨文化交际研究中，交际的内涵主要包括以下几个方面。

第一，交际是一种动态的过程。在这个过程中，人们试图通过使用象征符号与他人来分享自己的内在状态。

第二，交际是编码和解码的过程，但是这种编码和解码的过程并非单纯的传递和接受的过程，而是包含意义的协商和共建。

第三，沟通是双方经由交换符号，来建立一个有相互依赖关系且互相影响的系统。

以上几种交际的概念从不同侧面概括了交际的本质特征：首先，交际是一个动态的过程；其次，交际是一种以符号为载体的活动；再次，交际是编码和解码同时发生的互动性活动；最后，交际包含了意义的协商和共建。

3. 跨文化交际的概念

跨文化交际作为跨文化交际研究中的核心概念，虽然不像文化和交际那样难以界定，但是学界对于跨文化交际的理解也是众说纷纭的。简单地说，跨文化交际就是指来自不同文化背景的人们相互交流、互相影响的过程。不同文化背景可以是不同地区、不同民族、不同性别等；跨文化交际既可以指两个人之间面对面的交流，也可以指两个群体之间在政治、经济、文化上的沟通，这种交际可以是日常生活中的非正式交流，也可以是学习、工作场所的正式交流。由此可见，如何界定跨文化交际这个基本概念是跨文化交际研究中最重要的研究内容之一。

除了文化、交际和跨文化交际这三个核心概念，还有一些基本概念在跨文化交际研究中也十分重要，如文化身份、交际风格和文化调适等。

（二）比较文化研究

比较文化研究在跨文化交际研究中也占有十分重要的位置。由于具有不同文化背景的人在进行跨文化交际的过程中会自然而然地进行不同文化间的比较，比较文化研究成为跨文化交际研究中非常重要的内容板块。这部分内容与不同文化间的交际者的关系也最为紧密，因而具有非常重要的实践意义。具体而言，包括不同性别间的比较文化研究、不同国家文化间的比较文化研究，等等。

1. 不同性别间的比较文化研究

由于受到结构主义思潮的影响，不同性别间的比较文化研究成为跨文化交际研究领域的研究内容之一。由于两性在生理上存在差异，就必然导致两性在社会分工中存在差异。在社会分工中形成的主流文化认知是男人应该在社会上努力拼搏，挣钱养家，而女人则应该在家相夫教子、承担家务。社会分工的差异导致两性承担的社会角色的性格也存在不同。在一些文化认知中，男人在性格上应该自信坚韧，女人在性格上应该温柔贤惠。

在不同性别文化占主导的时期，社会文化也呈现出不同的风貌。如在男性化文化占主导的时期，强调人应该有雄心壮志，敢于竞争，勇于接受挑战，财富的多少和社会地位的高低是衡量一个人成功与否的标准，人们仰慕成功者。在女性化文化占主导的时期，整个社会都强调融洽和谐，更易于同情弱者。在社会地位层面，男女基本平等，角色分工并不明显，教育孩子和操持家务是男女双方共同承担的责任，女性也可以选择从事富有挑战性的工作。

这两种不同的价值取向在家庭、学校和工作场所都有不同的表现。例如，在男性化文化中，男孩和女孩在家庭和学校接受不同的教育，因为他们以后的角色分工不同，男孩常常被教导要敢于挑战，勇争第一，女孩则要文静端庄、温柔贤惠。在女性化文化中，性别间角色的区别比较模糊。

在工作场所，男性化文化鼓励竞争，而在女性化文化中，团结协作成为默认的原则。

2. 不同国家间的比较文化研究

不同国家间的比较文化研究在比较文化交际研究中的研究成果较多，这是由于其在跨文化交际研究中具有十分重要的实践意义。从现有的跨文化交际学研究成果来看，以美国为代表的欧美文化和以中国为代表的东亚文化呈现出不同的文化特征。

在以美国为代表的欧美国家，个人主义文化较为盛行。在以中国为代表的东亚国家，集体主义文化较为盛行。集体主义文化强调整体的和谐，更倾向于鼓励个体间形成合作的关系，客观上会压抑个体个性的释放，所以这种文化的交际方式较为委婉含蓄，更注重交际过程中交际双方的感受；而个人主义文化强调个体潜能的发挥，更倾向于鼓励个体间形成竞争的关系，客观上会激发个体潜能的释放，所以这种文化的交际方式较为直接，更注重交际双方最终达到的交际成果。

二、跨文化交际研究的方法

跨文化交际研究的对象是来自不同文化背景的交际过程中的人们，文化又是动态的、变化的、开放的，这无形中增加了跨文化交际研究的难度，如果没有与之相应的研究方法，跨文化交际研究就无法正常进行。跨文化交际研究是在传播学的基础研究之上发展起来的一门新兴学科，如果没有一套成熟的、行之有效的研究方法，那么跨文化交际研究是没有办法得到长远发展的。另外，由于跨文化交际内涵的丰富性，跨文化交际研究所涉及的内容也是十分庞杂的，这些都使跨文化交际学成了一门涉及人类学、社会学、文学、传播学、语言学、心理学等学科的交叉学科。

总而言之，对于跨文化交际这门新兴的交叉学科来说，科学的研究方法就显得尤为重要。在国内跨文化交际研究学界，跨文化研究学者高永晨在大量实践和研究的基础上总结出五种研究方法，包括实证分析法、比较对照法、系统整合法、本质揭示法、追根溯源法。下面就对这五种研究方法展开论述。

第一，实证分析法。实证分析法是跨文化交际学研究中最基本，也是最重要的研究方法。实证分析法要求研究者重视调查研究在跨文化交际研究中的作用，研究者要从客观的文化现实出发，充分地占有材料，探寻这些形式的内在联系。在进行具体的实证分析时，通常需要经过实地调查研究、统计资料和数据分析、电脑模拟和处理、模式构建等步骤。

第二，比较对照法。比较对照法是跨文化交际学研究中最常用的方法。比较对照法是指在研究中把具有某种内在联系的两种或两种以上的文化进行对比研究，以辨明它们内在的差异性。值得注意的是，在跨文化交际研究中运用比较对照法需要从人类文化的整体出发，探究各文化支系统的现状及发展趋势，辨明各文化支系统的内在关联及其差异性。

第三，系统整合法。在跨文化交际学研究中，在比较对照法的基础上还需要运用系统整合法对各文化支系统进行整合。在这一过程中，应遵循从普遍到特殊的原则，将文化的宏观系统和微观系统结合起来，进行系统的整合研究。在进行跨文化交际的系统整合研究时，有几个常用的方法可以参考，如从某种文化的视角入手，进行系统整合或者是将多元文化构成的类文化系统进行系统整合；又如，将多元文化分支系统中各自的文化现象进行整合研究。

第四，本质揭示法。由于跨文化交际涉及错综复杂的文化现象，因此在研究中认识这些文化现象的本质就显得尤为重要。因为现象是本质的表象，脱离对现象的认识就不可能对本质有深入的理解。在跨文化交际研究中，应该把各文化现象作为认识各文化本质的向导，通过对各文化现象的分析捕捉各跨文化交际现象的内在本质。

第五，追根溯源法。在跨文化交际研究中运用这种方法时，需要研究者在对各文化现象进行横向的共时态分析的同时进行纵向的历史时态研究。即在对各文化现象进行对比分析的同时，追踪这些文化现象的历史缘由，以及其在历史发展过程和阶段中的表现形式。由于不同民族、国家间的文化与其地域生态环境、政治、历史等密切相关，因此在追根溯源的研究中，需要从不同的地理环境、不同的历史背景、不同的文化传统入手，追根溯源，探究跨文化交际中各文化现象的本源。

三、跨文化交际研究的必要性及其意义

20 世纪以来全球一体化进程日益加速，不同国家、民族、地区之间在政治、文化、科技等领域的交往日益频繁，世界日益形成一个多元化的格局。但是不同的国家、民族由于

不同的历史渊源和不同的社会习俗，形成了特定的文化背景，这会为跨文化交际带来潜在的障碍，甚至有可能导致文化冲突的发生。正是在这样的时代背景下，跨文化交际研究萌发，跨文化交际的频繁发生要求学者们必须研究不同文化背景形成的价值取向、思维方式及交际方式的差异。

跨文化交际障碍的产生，低效的交际过程，交际双方间的误解与冲突，这些通常是跨文化交际中的文化差异造成的。因此，学习跨文化交际的知识，认识跨文化交际的本质，了解跨文化交际的过程，就是为了克服跨文化交际的障碍，避免跨文化交际的失误，寻求解决跨文化交际冲突的途径。我们学习跨文化交际，就是为了学习、了解异域文化和交际规则，适应和尊重异域文化，维护本族和本地域文化的发展，减少矛盾和纠纷，以利于有效而成功地交际。

具体而言，研究跨文化交际有以下几个方面的意义。

首先，从个体间的跨文化交际来说，通过学习跨文化交际知识可以发现跨文化交际失误的原因，有利于我们解决跨文化交际中产生的问题，解释交际双方在交际过程中出现的文化冲突现象，消除误解，实现交际双方的沟通和谅解，最终实现成功而且有效的交际。

其次，从个体的交际实践来说，通过学习掌握跨文化交际的基本原则和策略，以应对各种不同场合、不同种类的交际，达到成功、高效的交际目标。

最后，从国家间的交际层面来说，学习跨文化交际可以帮助我们克服文化障碍，实现政治、经济、科技等领域顺畅而有效的交流和沟通。通过学习还可以帮助我们增强文化意识，学会尊重其他国家的文化行为和习俗，改进我们的交际方式和交际策略。

四、跨文化交际能力的相关含义

跨文化交际学是一门起源于美国、由多个学科构成的新兴学科，最初研究的目的是为美国军方海外驻兵和对外军事行动服务的。随着国际商务往来的发展，此项研究开始进入民用领域，此后，跨文化交际的含义泛化为不同文化背景的个人和群体之间的有效交流。

跨文化能力（intercultural competence）和跨文化交际能力（intercultural communicative competence）是能力研究中经常遇到的两个概念，然而就目前资料来看，两者界定不清楚，都用来指“不同文化背景的个人和群体的交流的有效性和得体性”，而且多以交际能力的概念导入。跨文化能力与跨文化交际能力有交叉的部分，例如，两者都要求交际者具有跨文化意识，具有两套或多套文化系统知识等；两者的区别在于“交际”能力。交际能力是一种行为能力，是在特殊场景中实现交际目标的行为策略能力，拥有跨文化能力并不等同于具有跨文化交际能力。

五、跨文化交际能力的构成

交际或者交流需要语言，然而语言本身不能承担有效交际的所有功能。交际需要以文化做支撑，因为语言承载着文化，是文化体系中的一部分，人的情感系统和行为模式受控于自身的文化系统。正因如此，现代第二语言教学的目标已经从原来单纯的语言知识和技能培养转变成跨文化交际能力的培养。

培养跨文化交际能力要确定该能力的构成要素，然而鉴于跨文化交际学本身跨学科的特点，各学派对跨文化交际能力涵盖的内容，观点并不统一。

（一）行为维度

第一，自我维护能力，即保持自己身体、心理健康，减少压力，保持自信的能力。

第二，与当地人建立、保持和增进关系的能力。

第三，认知能力，即正确认识当地环境和社会体系的能力。

（二）快感、认知维度

交际者应该具有情感能力和知识能力。情感能力包括移情能力、开放的接受态度和对不确定因素的宽容态度。知识能力包括掌握收集信息的知识、掌握文化差异的知识、掌握人性相同点的知识和正确分析对方行为模式的知识。

（三）认知、情感、行为维度

1. 认知能力要素

交际是一个复杂的过程，是交际者对交际目的进行编码，形成信息，再通过一定的渠道或者方式传达到接收者，再由接收者解码反馈的过程。交际过程中的各个环节都受到交际双方性别、年龄、受教育程度、文化背景等因素的影响。跨文化交际的认知能力要求交际者能够理解并具有破译不同言语和非言语编码的能力，具体包括三方面的能力。

（1）掌握目的文化的交际体系。语言是交际的主要手段之一，掌握目的文化的交际体系要求掌握目的文化的语言。这里的语言不只包括语言知识，还包括语用知识。语用知识能够帮助交际者得体地使用语言，如，以对方习惯接受的方式表达赞扬、邀请、拒绝等意图和情感。

（2）文化理解。话语模式和行为模式基于文化，对于目的文化的理解程度决定了交际者对话语模式与行为模式的理解和接受程度，是移情能力的基础。文化是一个宽泛的概念，其分类形式多样，一般认为文化的重心包含伦理方面、政治方面和经济方面。理解文化是一个浩大的工程，要求了解其历史、政治、价值观等方面知识。

（3）认知的综合能力。所谓认知的综合能力是整合信息的能力。一个高水平的跨文化交际者能够更深入地了解目的语和目的文化，从而形成一种心理倾向，能够辨别本族文化和其他文化的细微差别。

2. 情感能力要素

情感能力是跨文化交际能力的重要组成部分，要求交际者具有跨文化交际意识，尊重其他文化的态度，克服民族中心主义、种族主义等交际障碍的能力。

具备良好的移情能力有利于在行为上采取得体的交际策略。情感能力包括三方面内容。

（1）适应动机。适应是指交际者在跨文化交际语境中适应他者文化系统的交际模式，能够按照对方习惯接受的方式进行交际。主体适应的速度和程度取决于主体的交际动机。融入对方文化动机强烈的人，接受对方文化的心理准备充分，行动积极，适应速度较快；动机弱则不利于克服自身文化系统干扰，适应速度较慢。此外，年龄对于适应也有影响，年轻人比较容易接受新的目的文化，而年纪大的人接受起来就比较困难。

（2）身份弹性。身份弹性是一种基本的社会心理定位，涉及主体对自身、母语文化和目的文化的尊敬，即主体是否愿意改变其建立在原有文化体系中的行为模式和习惯。这种弹性或适应性有利于减少对其他文化的偏见，从而使交际者实现交际目标。

（3）审美情绪。审美情绪与鲁本提出的移情较为接近。移情是从对方的角度看待问题，而审美情绪更加深入，是指交际者在跨文化语境中的交际行为是否符合目标文化的审美习惯。了解对方的审美习惯有利于主体欣赏、理解对方的文化产品，包括美术、音乐、体育等；同时也有利于主体理解日常生活中遇到的对方文化中的笑话、幽默、喜、怒、哀、乐等情绪表达。

3. 行为能力因素

跨文化交际能力是指主体能与不同文化背景的个人或者群体进行有效沟通的能力。交际是一种行为，交际能力体现在具体交际行为中，所以跨文化交际的行为能力是跨文化交际能力的最终体现。行为能力的最终形成需要认知能力所获得的知识做支撑，情感能力做铺垫，即通过具体行为表达个人的认知和情感经验。跨文化行为能力包括三方面内容。

第一，技术能力，包括基本的语言技能、工作技能、学术技能等一切能够获得有用信息、解决不同问题的技能。

第二，协同一致能力，指交际者能够以得体的举止与当地人和谐相处的能力。

第三，应对变化的策略能力，指交际者能够克服文化差异，运用合适的交际策略解决问题，实现交际目标的能力。

第二章 影响跨文化交际的因素分析

第一节 文化因素

在现实生活中，人们的言行举止都自觉或不自觉地遵守各自的社会习俗规范，都是特定社会群体价值观的真实写照。比如，在日常生活中，善于展示个性，崇尚标新立异，是美国社会中价值观的重要体现，是他们为人处世的信条；而在中国社会，这样的所作所为可能会被看成“另类”，受到群体的非议，难以融合到主流社会群体中。同样，中国人为人处世善于变通，可塑性极强，所谓“世事洞明皆学问，人情练达是文章”；但这样的风格在美国文化中却难以获得认同，反而会给人以不诚实、模棱两可、不可捉摸的感觉，妨碍人际关系的相处。所有这些表象背后，都是文化因素在起作用，因此，在跨文化交际研究中，对文化因素的探讨成为最重要的领域之一。

交际离不开人们赖以生存的文化，赖以生存的文化必然在交际中产生制约作用。从跨文化交际的现实情况来看，影响交际的因素集中体现在三个方面：一是价值观念，这是文化特质的深层结构；二是民族性格，这是文化特质的外化表现；三是自然环境，这是文化特质的历史缘由。

一、价值观念

在跨文化交际研究中，价值观是一个至关重要的问题。价值观是文化的底层，不理解价值观的差异就不能理解不同文化之间的根本差异。每一种文化都有其独特的一套系统，而价值观是它的核心。价值观告诉人们：什么行为是社会所期望的，什么行为是社会所唾弃的；应该爱什么，应该恨什么；什么是美的，什么是丑的；什么是好的，什么是坏的；什么是正常的，什么是荒谬的；什么是正义的，什么是非正义的。价值观看不见，摸不着，但却无处不在，对人类的活动起着规定性或指令性的作用，是人们行为的规则、思维的方式、认知的准绳、处世的哲学、推理的模式、评价的依据、道德的标准。人们在不知不觉中通过交际习得这套价值系统，而这套价值系统则变成了人们的集体无意识，变成了人们的信仰、心态、行为、生活等诸方面的可评价系统，变成了人们民族性格的基石。在中国，虽然传统的价值观并未形成系统的理论，然而一种严密的、不可抗拒的价值取向牢牢扎根于人们的心中，坚如磐石，挥之不去。

价值观具有相对的稳定性和持久性。在特定的时间、地点、条件下，人们的价值观总是相对稳定的。比如，对某种事物的好坏总有一个特定的看法和评价，在条件不变的情况下这种看法不会改变。但是，随着人们经济地位的改变，价值观也会随之改变，也就是说价值观也处于发展变化之中。一个人的价值观是从出生开始，在家庭和社会的影响下逐步形成的。一个人所处的社会生产方式及其所处的经济地位，对其价值观的形成有决定性的影响；同时报刊、电视和广播等舆论宣传，以及父母、教师、朋友和公众名人的观点与行为，对一个人的价值观形成也有不可忽视的作用。

（一）群体取向与个人取向

1. 中国社会的群体取向

中国社会崇尚群体取向。所谓群体取向，就是提倡凡事以家庭、社会和国家利益为重，个人利益在必要时可以忽略，可以牺牲。在当今中国社会，尽管传统的群体意识已远远超过了它原有的意义，但人们对集体或群体仍有很强的归属感。

群体取向的延伸表现为他人取向，中国人的所作所为较多地考虑别人怎么看、怎么说，力求使自己的言行举止符合群体的意志，诚所谓“人言可畏”。因此求大同、随大溜，避免“另类”行为，成了中国人为人处世的信条。

群体取向的影响有积极的一面，也有消极的一面。从积极的方面看，中国人谦虚谨慎、相互依赖、共同合作，提倡集体主义，强调爱国主义；为了集体和国家利益，不惜牺牲个人的利益乃至生命；成功之时，把功劳归于集体力量和他人帮助。这使得中国社会能在一定的条件下成就很多西方社会难以实现的“奇迹”。

2. 西方社会的个人取向

与中国文化相反，在西方社会，尤其是美国，崇拜个人主义。有的学者认为西方的个人主义取向源于 15 世纪的文艺复兴时代，而个人主义这一重要观念充分体现在以 17 世纪英国哲学家洛克为代表的西方哲学传统之中。

西方个人主义取向在英语合成词中就有所体现。英语中以 self（意为“自我”）为前缀的合成词有100多个，如self-support（自立）、self-help（自助）、self-esteem（自尊）、self-confidence（自信）、self-respect（自重）、self-culture（自学）、self-reliance（依靠自己）、self-dependence（自力更生）、self-control（自我控制）、self-denial（自我克制）等，这种现象在其他语言中是少见的。实际上，美国人都想成为self-made man（靠自己奋斗成功的人），从中可以看出“个人”在美国生活中所占的位置是何等重要。美国人相信“世界上没有两片树叶是完全一样的”，“你是最棒的”。因此每一个个体都被当作一个完全不同于其他人的独特的个体，每一个个体的思维方式、行为都与别人不同。他们拒绝被人们称为某一群体的代表，他们是自主、独立的个体，他们完全不依赖别人而存在。无端地接受别人的帮助被认为是无能，靠父母生活被认为是一种耻辱。

个人主义也意味着对个性、对差异的追求，人们的行为、言论、思想都体现出与众不同。差别化几乎与个人主义同义，并受到同样的赞赏；而保持一致，则是个体人格丧失的表现。因此美国人喜欢独辟蹊径，标新立异，在别具一格中出奇制胜；他们追求个人享受，放任个性，自由发展；他们不满足于物质利益的享受，还包括个人意志以及自我实现的追求。正因为西方人崇尚个人主义，他们才各论其理、各行其是、各展其才、各得其志。这也就是为什么美国人强调外在的、个人的、权力的、功利的东西，而且崇尚竞争的缘故。当然，过于强烈的个人主义取向也有一定的消极性，过分的个性张扬影响了社会群体的合力，过于自信、自重也影响了人际关系的亲和力。

（二）求稳与求变

1. 中国文化的“求稳”心态

天下万事万物总是处在两种状态中，那就是“稳定”与“变化”。群体主义取向决定了“求稳”的选择，因为群体与个体相比，“变”受到限制，或不会轻易改变。在中国传统社会中，由于儒家中庸哲学思想的影响，中国人习惯于在一派和平景象中“相安无事”“知足常乐”。人们接受了这种“稳定”观念，相信“万变不离其宗”，善于“以不变应万变”。他们主张“顺其自然”，奉行“安分守己”，向往“安居乐业”。国家不能不稳定，家庭不能不和睦，“求稳”的观念深深扎根于中国人的心目之中，中国社会就是在“求稳”的观念下取得了历史的进步。与此相呼应的是道家主张的“无为而有为”，因为“有为”意味着矛盾、冲突，会破坏人间和谐；“无为”才能防止对立，避免矛盾产生。尽管“易”有崇尚变动的思想，然而它所求的是“变”中的“静”，是一种原地不动的圆圈式的“动”。中国人尚“静”，因为“静是事物的根”。

但是“变”与“不变”是相对而言的，或者说“求稳”只是一种心态。

事实上，幻想社会不变是不可能的，关键看为什么变、如何变、变得怎么样。中国几千年的封建社会不断发生改朝换代，变化很多。然而在“祖宗之法不可变”的精神支配下，这种变化本质上是“一治一乱”的天道循环，基本的社会制度和格局并没有变化，更没有创新。可以这么说，中国的历史可以概括为“合久必分，分久必合”，“分”是表象，“合”是永恒。打个比方，“分”是“重新洗牌”，于是牌局就会不断变换，但“游戏规则”是不变的，必须“统一和稳定”

稳定，是社会发展的根本保证。一切发展之大前提是家庭、家族、社会之稳定，没有稳定就没有统一。越是稳定，就越是统一，越是进步；不然就会“天下无道”“礼崩乐坏”“制度不兴”。从秦始皇开始，“书同文，车同轨，行同伦”的大一统政治理念根深蒂固、深入人心。不能不承认，中国几千年来正是在“稳定”中求生存、求发展、求进步的。这就是中华民族的文化得以延续并保存其完整性的历史原因。

2. 西方文化的“求变”心态

与中国文化形成对照的是以美国为代表的西方文化。崇尚个人主义取向的美国人更倾向于“求变”。在美国人的心目中，核心思想是“无物不变”，而且变化永不停止。变化表现为不断打破常规、不断创新的精神。他们不满足于已取得的成就，不执着于传统的秩序，不甘受制于家庭、经济、教育乃至个人的权威。对美国人来讲，变化、改善、进步、发展与未来几乎都是同义词，没有变化就没有进步，没有创新就没有成就，没有发展就没有未来。美国社会充满了一种打破常规、不断创新的精神。

二、民族的性格

以价值观念为基础的民族性格，是了解一个民族的文化和行为的重要方面。如果说价值观念是文化特质的深层结构，那么民族性格就是文化特质的外化表现。因此民族性格是可感知的行为特征，对交际行为有着直接的支配作用。那么，什么是民族性格呢?

简单地说，民族性格就是指一个民族在对人、对事的态度和行为方式上所表现出来的心理特点，是一种总体的价值取向。

性格的表现是心理特征，性格的根由来自态度取向。

（一）态度取向

态度可以理解为对人、对事的一种心理倾向，态度决定人们是积极地、肯定地还是消极地、否定地对待某人、某事或某种行为。根据社会心理学家的研究，态度由认知、情感和意动三个范畴构成。也就是说，如果我们的任何心理倾向在某种程度上具备了认知、情感和意动的内容，那么就形成了态度。尽管态度泛指主体对人或对事物的一种心理倾向，但多数心理学家都把他们的研究重点集中在人们对待其他文化群体所持的态度方面，从而引导人们与不同文化群体的人们进行有效的跨文化交际。认知成分被概括为一个人对人或对物的信念或真实知识，情感成分包括一个人对某些人或物的评价、爱好和情绪反应，意动成分则包括指向人或物的外显行为。

认知成分是指人们对某种对象所持的思想、信念及知识，是指人或物被感知到的方式，即在大脑中形成的心理映像。比如，很多人相信黑人擅长歌舞和体育运动，日本人拘谨礼貌，美国人慷慨大方，中国人好客，德国人严谨，犹太人富有等。

情感成分是指人们对某种对象在评价方面的反应，是带有主观爱好的情绪表现。在日常交际中，情感成分往往比认知成分更重要。有时交际双方可能有相类似的信息或共识，但在情绪上却表现出对立。态度扎根于情感之中，而情感又具有执着的特点，所以，一般来说情感相对稳定。

意动成分指人们对某种对象的行为意向，意动成分受认知和情感成分影响。如，一个有民族中心主义倾向的人，会产生某种偏见，往往会歧视其他种族的人，并产生排斥群体外成员的意向。

人们选择自己的态度，这完全是心理需求的结果，也就是说人的态度是为心理功能服务的。一些学者认为态度具有四种功能：一是功利实现功能，人们持有某种态度是因为可以得到某种利益；二是自我防御功能，人们通过某种态度来保护他们的自身利益和自我形象；三是价值表现功能，人们用态度来表示自尊，并肯定自我形象；四是客体认知功能，人们持有某种态度来证明他们拥有支配世界的知识。

（二）性格特征

民族性格的差异是显而易见的。学者们对中国和美国的民族性格分析的研究很多，然而看法并不完全一致。虽然民族性格是可以感知的，但要加以理性的、准确的概括不是件容易的事。从总体来看，学界对民族性格的有些特征，看法还是比较一致的。

中国的民族性格比较突出地表现出如下一些特征：中庸恭谦，内敛含蓄；情感本位，和平宽厚；聪慧灵巧，机动权变；勤俭耐劳，安贫乐道；家庭至上，崇拜权威；具象思维，整体把握。

根据上述分析，中国和美国的民族性格各有特色。中国的民族性格体现了以人生为核心的人文特质，即注重人与自然的和谐、人与人之间的和谐，体现了中华民族的民族精神。而西方人不像中国人那样对人生的探讨感兴趣，他们偏重于追求世界的本体，关注的是怎样认识自然或客观世界，而不是怎样为人处世。从这一点看，中国民族性是入世的，而西方民族性是创世的。李大钊在其《东西方文明根本之异点》一文中对东西方的性格的对比分析，对我们研究和比较东西方文化是很有价值的。他指出："东西方文明有根本不同之点，即东洋文明主静，西方文明主动是也。一为自然的，一为人为的；一为安息的，一为战争的；一为消极的，一为积极的；一为依赖的，一为独立的；一为苟安的，一为实进的；一为因袭的，一为创造的；一为保守的，一为进步的；一为直觉的，一为理智的；一为空想的，一为体验的；一为艺术的，一为科学的；一为精神的，一为物质的；一为灵的，一为肉的；一为向天的，一为立地的；一为自然支配人间，一为人间征服自然。"

不可否认的是，在全球化的形势下，旧的观念开始受到挑战，中国人的民族性格也开始发生一些变化，这些挑战和变化体现在：一是人们开始摆脱绝对化地以群体取向为上的道德束缚，开始要求把道德的社会功能从主要是调节人际关系转化为主要保证个人得以自我发展和自我完善上来。二是在平等观念上，传统的结果均等的追求正在为机会均等的要求所代替；在个性独立上，人们开始对个人生活方式的过多关注和广泛干涉表示抵制。三是一些不合时宜的传统观念（如"安分守己""中庸之道""知足常乐"等）正在被抛弃，而勇于创新、开拓进取、公平竞争等新观念正在形成。四是社会期望由"无为"和"依赖"开始向"有为"和"自主"转化，其结果必然是主观能动性的激发，更加自重、自信、自立、自强。

总之，在新时代全球化背景下，传统观念在不同程度上受到了挑战。然而，我们还应认识到，不管变化有多大，传统观念的影响是不可忽视的，文化的底层具有相当的稳定性，而且文化自信的树立在跨文化交际中的地位越来越重要。

三、自然环境

（一）地理环境

地理环境包括一个民族所处的地理位置和气候条件。多数人类学家、社会学家都认为，一个民族的地理环境对民族文化的形成起着决定性的作用，在经济不发达的古代社会尤其如此。文化和环境的关系，主要表现为地理环境在很大程度上决定了人们的生存方式、生产方式，进而决定人们的行为模式、社会规范。

孔子说："知者乐水，仁者乐山；知者动，仁者静；知者乐，仁者寿。"（《论语·雍也》）程颐在其《经谈》中又进一步阐述了孔子"知者乐水，仁者乐山"的思想。他指出："乐者好也。知者乐于运动，若水通流；仁者乐于安定，如山之定也。知者得其乐，仁者安其常也。"孔子将"知者"与"仁者"加以区分，并分别同"水"与"山"的不同环境加以类比。实际上可以看出孔子的观点与态度，俗话说"山不转水转"，把安定的山置于流动的水之中，前者稳定而后者漂移。儒家思想崇尚"静"，讲究"定"，在他看来"仁者"高于"知者"。冯友兰先生在读了孔子的这段话后，悟出了这样的道理：这句话似乎暗示着古代中国人和古代希腊人的不同。完全不同的地理位置和气候条件塑造出完全不同的文化特质，一是农业文化（或大陆文化），一是商业文化（或海洋文化），两种不同文化又塑造出两种完全不同的民族性格。

1. 亚洲大陆文化的特征

中国位于亚洲大陆。西边是高耸的喜马拉雅山脉，在古代几乎难以逾越；东边是茫茫大海，没有发达的航海设施和技巧也只能"望洋兴叹"；南边在古代是尚未开发的不毛之地，瘴气弥漫难以穿越；北边虽然开阔，又被秦始皇修了万里长城，筑起了一道人为的屏障。中华民族就生活在这样一个"包围圈"里，完全被自然环境所封闭。但同时，中国幅员辽阔，文化发祥地是黄河流域，气候属温带，适合农耕。这样的地理位置和气候条件使中华民族发展了以农业为主的经济，并养成了与其相应的生活习惯。中国古代有本末之别，"本"指农业，"末"指商业，"重本轻末"的观念根深蒂固，因此中国人尚农轻商，靠土为生。

环境的封闭带来了生活的稳定，农业生产促成了小农经济。男耕女织，自给自足，俨然是陶渊明笔下的"桃花源"。经济小农化、国家家庭化、社会等级化、礼仪规范化，中华民族的传统价值观念、民族性格就在这个基础上演绎出来了。

2. 欧洲海洋文化的特征

希腊是欧洲的一个岛国，四面被茫茫大海包围。国小资源少，地小只有往外跑，于是他们唯一的选择就是征服大海，去发现新大陆，以拓展自己的生存空间。德国哲学家黑格尔继承了古希腊人眷恋大海的精神，对海洋发出由衷的赞叹："大海给了我们茫茫无定、浩浩无际和渺渺无限的观念；人类在大海的无限里感到他自己的无限时，他们就被激起了勇气，要去超越那有限的一切。大海激励人类从事征服、从事掠夺，但同时也鼓励人类追求利润，从事商业活动。……他便是这样从一片稳定的陆地上，移到不稳定的海面上，带着他那人造的地盘‘船’——这个海上的天鹅，它以敏捷巧妙的动作，破浪而前，凌波以行。”

出海探险，老弱妇孺留在故土，家庭模式被瓦解；海浪凶险，出海者必须同舟共济，互相结成平等的契约式关系。于是，在海洋国家中最早发展了航海业，形成了商业经济。商人集居城里，发展了与其相适应的社会组织，建立了较为民主、平等的契约社会；他们在海上活动，形成了好“动”的取向，求变、好奇成为海洋文化的特点。西方文化及民族性格、与其相适应的价值观念及制约人们行为的社会规范由此诞生。

（二）建筑风格

西方的哲人曾经说过：我们塑造了建筑物，建筑物也塑造了我们。事实的确是这样，民族的建筑风格会受到它存在的文化的影响，同时反过来又影响着人们的生活方式和民族性格。

1. 建筑风格与空间界限

中国的传统建筑风格是封闭的，较有代表性的是各种“墙”。中国传统建筑以筑墙闻名于世，从长城到紫禁城，从村落的土墙到家户的院墙，从四合院的砖墙到田间的竹篱笆。无论国家还是家庭，城市还是农村，工厂还是学校，墙连墙，墙套墙，高的、矮的，宽的、窄的，土的、铁的、木头的、竹子的。长城万里，围定中原；城墙座座，护定都镇；小家院墙，隔划街里。

与崇尚围墙的中国文化形成鲜明对照的是美国人对空间的极端崇尚和高度敏感。美国人使用大小不等的空间来调节群体、家宅。在美国的城市，尤其是典型的中小城市，矿山、工厂、企业、学校乃至家宅之间，都以空间相互隔离开来，乡村中农户之间的空间距离可能漫无边际。如果你去参观一所大学，你可能会很难辨认学校的起点和终端，学校与其他领地的分界线似乎无处不在，也似乎根本不存在，但分界线却的确存在。

2. 建筑风格与文化内涵

其实建筑风格还有更丰富的文化内涵。代表中国文化的北京城的城市建筑以高墙深院的四合院结构为特点。每个四合院好比历史隧道，代表着传统文化。传统的北京民宅里巷有着庄严肃穆之感，它的四合院是有等级的，偏正分明，主次有别。但北京又是富有人情味的，使你觉得这街、这巷，与你都有些渊源关系似的。北京建筑本身就是文化，就是凝固的历史和传统。而现代美国的大都市纽约则别有一番景象，这座城市的大街是以坐标和数字编码组成的，这座大城市是个千位数，街道是百位数，小巷是十位数，住宅是个位数，这是理据形式的存在。

西方建筑大多贯彻体现着西方文化的理性抗争、个体意识和宗教狂热等内涵。从古希腊的柱式到罗马的拱券，从哥特式的冷峻到巴洛克式的亮丽，都呈现出一种批判继承关系，这种关系也是西方文化更迭的模式特征。

中国传统建筑的文化特征来自自身文化属性，强调群体意识，建筑文化和艺术形式都自成一脉，独领风骚。中国古代推崇“天人合一”思想，因此十分重视建筑的风水学说，这点在一些园林建筑上有着充分的体现，“虽为人作，宛若天开”，强调因地制宜，妥善选择位置，与自然环境相协调和融合。例如北京故宫，讲究中轴对称，纵深布局，三朝五门，前朝后寝，象征了九五至尊、皇权至上的思想。又比如四合院，同样具有严格的轴线对称的格局，轴线上的后院正屋为长辈起居处，两侧厢房是晚辈住所，前院为下人住房和客房，极致地强调尊卑顺序。不难看出，这些特点都是中国传统文化的典范。

西方建筑的美学典型代表是古希腊的神庙和中世纪的教堂，西方人将建筑美学比喻成凝固的音乐，这主要由于建筑多以石制为主，建筑作为艺术类重要的组成部分，它既是现实中物质性的存在又是精神中意识性的延续。古希腊哲学家普罗泰戈拉曾说过：“人是万物的尺度。”古希腊建筑最显著的特点就是以人体作为尺度感，通过柱子与人的身高比例可以看出，多立克式和奥尔尼式就代表着男人和女人。高耸的石柱支撑厚重的大跨度屋顶，形成丰富发达的内部空间，又象征着对力量的崇拜，赋予一种向上和四周扩张的气势，突出柱式变化，强调个体的表现，与周边自然环境形成鲜明的对比。

中国建筑与高度繁荣的世俗文化紧密相连，强调“经世致用”，几乎延续了相当一致的美学风格，以木质构架为主要结构方式，讲究左右对称性，在视觉及空间艺术上，以风水布局寓意天人合一，封闭的庭院都呈现出单体建筑的协调换取整体环境的和谐统一，不追求单座建筑的突兀独立，注重虚实结合的群体空间布局，多组建筑围绕一个中心空间构成，层层深入，重视建筑组群平面展开的有机配合和衬托。

中西建筑风格的差异，从本质上分析是中西文化的不同，造就了两种不同风格建筑艺术形式的产生，展现了各自辉煌的历史和璀璨的文化，进一步推动着人类文明的发展。

第二节　心理因素

一、思维方式

心理因素首先涉及思维方式，人们对客观世界的认知必须依赖于思维方式。当我们感知外界信息时，会对所感知的信息进行分析、推理、评价、综合等心理加工，通过对信息的加工来获取外界信息的意义。由于不同文化的人们对外界认知模式存在着差别，他们的思维方式也必然有所区别。思维与语言具有内在的联系，不同文化在思维方式方面的差异就会对交际行为产生直接影响，这种直接影响不但表现在语篇结构、编码方式、译码方式、交际风格等方面，而且会导致词法、句法的差异，因此思维方式的差异无疑会使跨文化交际产生障碍或冲突。

学者们认为，认知模式的差别可能表现在思维活动时对环境的依赖程度方面。总的来讲，对环境的依赖可分为两种情况，一种是“无领域依附”，另一种是“领域依附”。通常认为“无领域依附”文化的人们具备更强的把某一组成部分从其整体中分离出来的能力，也就是说他们具有较强的解决具体问题的能力，能把某些组成成分从环境中离析出来并在具体环境中将问题加以解决。而“领域依附”文化的人们具备更强的从整体上把握事物本质属性的能力，也就是说他们具有较强的统摄整体问题的能力，能领悟事物内部不同组成部分之间的辩证的、内在的有机联系。

当然，采用这种两元对立的方式来表示两种认知模式的差异是一种较为极端的做法，更合理的做法是把“领域依附”和“无领域依附”当作一个非离散的连续体的两端，这两端分别代表“领域依附”的整体式思维方式和“无领域依附”的分析式思维方式。因此两种思维方式的差异是相对的，有些文化的思维方式比较接近于“领域依附”范畴，而有些文化的思维方式则比较接近于“无领域依附”范畴。相对而言，东方文化的思维方式比较接近“领域依附”型，而西方文化的思维方式比较接近“无领域依附”型。

（一）整体思维与分析思维

1. 整体思维的特征

东方人以直觉的整体性与和谐的辩证性著称于世，这也是中国文化传统思维的主要特征，东方人的思维属于“领域依附”型的思维活动。

“直觉的整体性”是第一个特点。思维的整体性是指思维的对象、成果及运用思维成果对思维对象加以改造。中国人也习惯于把事物分为对立的两个方面，但这两个对立面被看成一个不可分割的整体，它们相互制约、相互依存。这就是典型的整体性思维，即整体地去认识自然并改造自然，认识世界并改造世界。因此中国传统文化中对人和自然界关系的认识是以“天人合一”为出发点的，人和自然的关系不是像西方文化那样被看成截然对立的主体和客体，而是处于统一的结构之中，天与人、阴与阳、精神与物质是不可分割的统一体。同样，对于社会中人与人的关系这方面，他们也习惯于把个人放在整个人际关系中去把握，强调人与人相互依存、相互作用。

中国传统文化思维的整体性是“直觉”的整体性。所谓“直觉”，就是通过下意识或潜意识活动而直接把握事物，明显的特点是对环境中的事物统而摄之，进而产生悟性，得出结论。这种直接纳入人的经验的方式就是直觉思维，它不依靠逻辑思维推理，而是讲究思维中断时的突然领悟，即灵感或顿悟。中国人认为，凭直觉觉察到的东西是最实在的东西，因此中国人在处理问题时，很相信“车到山前必有路，船到桥头自会直”，习惯“走一步，看一步”，敢于“摸着石头过河”。

“和谐的辩证性”是第二个特点。古代中国人没有选择分析的途径，却追求和谐的辩证，即追求公允、协调、互补和自行调节，以此达到事物的平衡和稳定。“辩证”是指思维过程中善于发现事物的对立，并在对立中把握统一，从而达到整体系统的平衡。“和谐”是指中国人善于把握对立中的统一、统一中的对立，从而达到和谐。《周易》的“阴阳之谓道”，就是辩证思维的最高概括。所以，天为阳、地为阴，白天有太阳、晚上有太阴（月亮），山南水北称阳、山北水南称阴，男人要有阳刚之气、女人要有阴柔之道，公开处事为“阳谋”、背后捣鬼为“阴谋”，等等。天下万事万物都由“阴”和“阳”来统摄，又处于一个和谐的整体之中。

2. 分析思维的特征

西方的思维模式以逻辑、分析、线性为特点，这是一种“无领域依附”型的思维活动。西方人注重内在的差别和对立，寻求世界的对立，进行“非此即彼”式的推理判断。古希腊的柏拉图首先提出了“主客二分”的思想。笛卡尔开创的西方近代哲学也明确地把主体与客体对立起来，以“主客二分”作为哲学的主导原则。这一原则深刻地影响着近代哲学家，成为认识论的一个基本模式。分析性思维明确区分主体与客体、人与自然、精神与物质、思维与存在、灵魂与肉体、现象与本质，并把两者分离、对立起来，分别对这个二元世界进行深入的分析研究。

分析性思维把整体分解为部分，加以分门别类，把复杂的现象和事物分解为具体的细节或简单的要素，然后深入考察各部分、各细节、各要素在整体中的性质、地位、作用和联系，从而了解其特殊本质。为了解整体及其要素的因果关系，必须把各部分、各细节、各要素割裂开来，抽取出来，孤立起来，因而，分析具有孤立、静止、片面的特征。美国人的思维就具有这种典型特征，他们强调以经验和事实为依据，看重观察和分析的方式，热衷于搜集资料和数据，是典型的“归纳法”和“实证主义”。斯图瓦特（Stewart）曾这样描述过美国人的思维特点："对美国人来讲，世界是由事实，而不是概念组成的。他们的思维是归纳式的，由事实开始向理论发展。然而，从具体到抽象理论的过程很少是一个完全成功的过程，因为美国人总是希望重新证实他们的理论。"所以他们凡事特别喜欢问 why（为什么），就是要你提供数据、事实、理由或证据。

3. 中西方思维方式的差异

中西方思维方式的差异表现在很多方面。比如中医讲究人体的阴阳协调，注重整体的系统性，持有全息观点，通过脉象、舌苔、脸色等观察身体状况，善用针灸点刺穴位来治疗疾病，开出的药方也是众药调和；西医却从解剖入手，分解人的器官，通过医学指标、化验手段和专用仪器检查身体，就事论事对病变的某个部位进行直接的有效治疗。又比如中国传统国画，浓墨淡彩，讲究意境，属于"写意"一派，追求"神似"；西方传统油画，形象生动，栩栩如生，属于"写实"风格，追求"形似"。再比如中国烹调讲究"五味调和"，色、香、味俱全，荤素搭配，汤食协调；西方饮食较为单一，注重营养结构，食物分而食之，却没有中国烹调那么多讲究。中国人看问题习惯从整体到局部，由大到小，先全面考虑，之后缩小范围，考虑具体细节；西方人则相反。这在汉语和英语的时空表述上表现得最为透彻。同样是表述时间，汉语从大到小，如"2020 年 12 月 24 日上午 10 点"，而英语从小到大，如"10am，Dec. 24，2020"。表述空间时汉语也是从大到小，如"美国，俄亥俄州，哥伦布市，西九街，63 号"，而英语则是从小到大，如"63W9th Ave.，Columbus，Ohio，USA"。

（二）具象思维与抽象思维

1. 具象思维与抽象思维的特征

从思维的结构分析，整体思维倾向于具象的思维模式，即人们以经验为基础，通过由此及彼的类别联系和意义涵摄来沟通人与人、人与物、人与社会，进而达到协同效应。具象思维由类比、比喻和象征等思维方式组成。抽象思维，通常也叫作逻辑思维，是以概念、判断、推理作为思维的形式，再通过分析、综合、抽象、概括、比较、分类等途径加以系统化、精确化，并形成相关体系。从本质上看，不同民族都具有以上两种不同的思维方式，但由于历史和文化等原因，不同民族会有不同的侧重和选择。从总体上看，传统中国文化思维具有较强的具象性，而西方文化思维则具有较强的抽象性。

中国人的思维偏重具象性，习惯于以"实"的形式表示"虚"的概念，以具体的形象表达抽象的内容；习惯于用具体的事物进行类比的联想，把事物的相关属性联系起来，从而形成一个完整的认识。思维之中的逻辑性联系可以不是很明显，只要有相关性，就可建立联想。通常也不需要准确定义的概念、严格程序的推理，象征的意味较为浓重，思维的结果也以整体性感悟为归宿，不必条分缕析，追求精确。具象思维所依托的是类比、比喻、象征等思维过程，在性质上它们都属于同一范畴。比喻是类比的一种表现形式；象征是比喻的一种表现形式，三者都以经验和具象为基础，都是借助于某种事物的具体形象来阐明抽象的概念。

西方人的思维偏重抽象性。这种思维方式的特征主要体现在三个方面：（1）它以第二信号（语言、文字、数字、符号）作为思想或思维的工具；（2）它以各种概念、判断和推理作为思维形式；（3）它以分析、综合、抽象、概括、比较、分类、系统化作为思维的基本过程。抽象思维之所以抽象是因为它以语言这种抽象符号作为思维工具。经过抽象思维得出的原理、法则、定律等被应用到广泛的范围。美国文化偏爱的抽象思维是通过归纳法表现出来的，而英国文化执着的抽象思维则是通过演绎法表现出来的。

2. 两种思维方式在语言上的表现

不同的思维方式在语言上表现出不同的倾向：汉语重语义，英语重结构；汉语形象化、隐喻性较强，英语抽象化、逻辑性较强。

荀况的《劝学》与培根（Bacon）的《论求知》都是论述学习的意义和学习的态度，但说理的方式截然不同。

《劝学》多用比喻论证和正反论证，不直接点明主旨，读后仔细思考，意义深刻。如论学习的重要性：“吾尝终日而思矣，不如须臾之所学也；吾尝跂而望矣，不如登高之博见也。登高而招，臂非加长也，而见者远；顺风而呼，声非加疾也，而闻者彰；假舆马者，非利足也，而致千里；假舟楫者，非能水也，而绝江河。君子生非异也，善假于物也。”

又如论学习应持的态度：“积土成山，风雨兴焉；积水成渊，蛟龙生焉；积善成德，而神明自得，圣心备焉。故不积跬步，无以至千里；不积小流，无以成江海。骐骥一跃，不能十步；驽马十驾，功在不舍。锲而舍之，朽木不折；锲而不舍，金石可镂。蚓无爪牙之利，筋骨之强，上食埃土，下饮黄泉，用心一也。蟹六跪而二螯，非蛇鳝之穴无可寄托者，用心躁也。”

而《论求知》用的是陈述分析法，以冷静的逻辑论证阐明主题，条分缕析，说服力强。如同样论学习的重要性：“读史使人明智，读诗使人聪明，演算使人精密，哲理使人深刻，伦理学使人有修养，逻辑修辞使人善辩。”总之，知识能塑造人的性格。

又如同样论学习应持的态度，培根说："狡诈者轻鄙学问，愚鲁者羡慕学问，唯聪明者善于运用学问。知识本身并没有告诉人怎样运用它，运用的方法在书本之外。这是一门技艺，不经实验就不能学到。不可专为挑剔辩驳去读书，但也不可轻易相信书本。求知的目的不是为了吹嘘炫耀，而应该是为了寻求真理，启迪智慧。"

汉语的句子如点点繁星，呈散点铺开，体现出物体的流水样态，是谓"意合"。

如马致远的《秋思》："枯藤老树昏鸦，小桥流水人家，古道西风瘦马。"九种物体呈散点铺排，脑海中的画面栩栩如生，凄凉悲情油然而生。再看《秋思》的英语译文，可以窥见英文强调的是丝丝入扣的逻辑关系：

The old trees wreathed with rotten vine fly evening crows,
Neat tiny bridge beside a cot a clear stream flows,
On ancient road in western breeze a lean house goes.

二、心理环境

心理环境是指人这一主体对客体环境的认知、态度以及如何利用环境等心理状态。从跨文化交际来说，集中体现在"隐私"这一概念上。隐私与客观环境的关系十分密切，它涉及人们如何对待和利用环境因素，如何控制和调节与他人的交往。有的学者认为，从本质上来看，隐私是人们允许接触某一自我或群体的选择性的控制机制。这样，隐私就成了一种与人交往的选择性控制机制，它制约着我们与谁交往和不与谁交往，制约着我们在什么时候以及什么地方与人交往，制约着我们同别人怎么交往以及与人交往到什么程度。

尽管在某些文化中没有"隐私"这一概念，但这并不意味着这些文化中的成员没有隐私可言。隐私是一种普遍现象，只是它在表现方式和程度上有所不同。有的文化通过物理环境调节来保护隐私，有的文化则依靠心理机制调节来保护隐私。隐私可以大至群体利益的保护，也可小到个人的私事和隐情。西方学者一般把隐私分为四种情况：一是隐居（solitude），即与外界隔绝；二是匿名（anonymity），即不期望被他人识别；三是亲密度（intimacy），即只向亲密朋友或知己泄露隐私；四是自我保护（self-reserve），即指一种心理自我保护以防止骚扰。上述四种隐私在任何一种文化中都有所表现，只不过在不同文化中隐私的侧重点有所不同而已。

（一）群体领域和个人领域

不同的文化采取不同的方式来调节或控制本民族或本人的领域，以保护本民族或本人的利益。领域学就是研究人们如何支配和使用领域的，领域是为了调节交际而对某一区域的群体化或私有化的结果，与其相关的行为称为“领域行为”。

1. 中国文化的群体隐私观

中国传统文化是一种群体文化，是一种“家”的文化。从国家到宗族、家庭，每个中国人都在为“家”而努力奋斗，个人存在的价值是和“家”的命运紧紧相连的。因此，维护隐私的目的是协调不同群体之间以及社会整体的和谐与稳定，是崇尚集体主义的表现。中国人以“单位”为家仍然是多数人的信仰、偏好和追求，这显示出中国人的群体隐私观。群体隐私的观念应受到承认和尊重，中国人不能轻率地否定传统文化积淀而成的群体隐私观的合理内核，这个合理内核就是集体主义和爱国主义。在这个前提下，中国人善于寻求群体隐私和个体隐私的平衡与和谐，寻求两者的最佳结合。

2. 西方文化的个体隐私观

西方文化中的隐私一般是关于个人的信息，以及个体认为与社会伦理道德不相符合的想法和事情，是个体价值利益的体现。维护隐私是尊重个性、崇尚个人主义的表现。

美国人崇尚空间，是通过空间来构成个人领域，以调节与别人的交往。在他们的心目中，家宅、单位、社区、公共场所，以及与其接壤的邻居间的界限意识十分敏感，他们绝不越雷池一步，不经允许绝不进入别人的领地。

这一点对具有不同隐私观的文化成员来讲是难以理解的，美国人以无形的空间代替有形的围墙，以此来作为一种私人领域空间是十分普遍的。他们需要一段空间距离来保护自己周围那块无形无影的领地。在公司、单位也一样，只要有可能，他们会设置单间作为个人工作室；实在不行，也要用隔板分隔出属于自己的空间。在家里，通常每个家庭成员都有自己的房间，不经允许，家人也不能随意进入属于个人的领域。甚至在公共场所，他们也会自觉地构筑个人的空间，无论排队、取款、购物、乘电梯、坐公车，人与人之间总会保持一定的距离，这已成为公共道德的一种体现。

（二）社会关心和隐私侵犯

1. 中西方隐私观的差异

涉及个人隐私，中西方的差异特别明显，并产生了关于“社会关心”和“隐私侵犯”的冲突。在中国，所谓个人的隐私在不同程度上具有“公共性”，他们往往受到社会、他人的关心。人们不经允许可以涉足他人的生活领域，不仅不会受到非议，反而被认为是关系亲密、相互关心的表示，乃至已成为道德范畴的评价标准。我们常见这样的提问，“吃饭了吗”“上哪儿去”“多大岁数了”“有对象吗”“结婚没有”“我给你介绍个对象，好吗”“你脸色怎么这么难看”“昨晚没睡好吗”“你的工资是多少”“这件衣服真好，多少钱”“这套房子花了多少钱”等。向别人提这些问题在西方国家是极不礼貌的，甚至被认为是侵犯别人隐私的表现。而在中国，这些却都是常常挂在嘴上的话题，司空见惯，因为中国人认为这种话语会使人有一种亲切感、归属感，进而觉得安全、人情味十足。这也是处理人际关系所必需的“程序”，是协调人际关系的必要形式。

2. 中西方隐私调节的方式

中西方在个人隐私方面的差异是一种客观存在，因此中西方各自对隐私的调节机制也完全不同。中国人常把感情，如喜怒哀乐、爱憎好恶以及个人态度等，当作隐私，而对其隐私的处理是采用自我节制的心理压缩的方式。他们常常把自己的真实感情和态度深深地埋在心里，不暴露出来，以适应群体取向或达到社会和谐。美国人则使用物理环境来调节隐私，他们通过关闭的门来保护自己，不论是办公室、寝室、家庭中的卫生间还是书房的门都是用来调节隐私的，一旦门被关上，就自动传递出“请勿打扰”的信息。或者他们会去一个完全陌生的环境，不介意没有任何熟人，以保持自己的独处。总的说来，中西方在“隐私观”方面的差异，都是受到特定文化的价值观念的制约，都有其合理性，也都有利弊得失，并没有优劣、高低之分。值得注意的倒是不同文化的人们应该互相了解，以避免在跨文化交际中产生冲突。

第三节　社会因素

有效的交际不仅依赖于对文化背景的认识，也依赖于对社会环境的认识，而社会环境对交际来说实际上就是广义的“交际情景”。因为语码（语言和非语言符号）的使用受制于交际情景，交际情景中的各种社会因素决定谁、在什么时候、在什么地方、说什么、怎样说、对谁说、为何目的等。社会语言学家韩礼德（Halliday）对此有过这样的论述：“语言把我们周围和内心世界的无限纷繁复杂的现象、事件和行为，我们各自的意识过程等压缩成可控制的不同的范畴。语言的社会功能还在于表达我们作为说话人对言语情景的参与，表达我们自己所承担或强加给他人的角色，表达我们的希望、情感、态度和评价等。”

通常认为，交际情景主要包括以下三个要素。

一是交际者。交际者指某一交际行为的参与者，参与者包括说话人（信息发出者）和听话人（信息接收者）。涉及的主要背景情况包括性别、年龄、职业、教育、宗教信仰、经济地位、政治身份、家族背景等。社会身份是决定交际的重要的情景因素，交际双方的社会身份涉及社会的角色关系和人际关系。

二是交际目的。尽管语言能被用来为各种不同的交际目的服务，然而交际目的不同，其语言的使用也会不同。从社会交际的目的来分析，可以分为文化型、职业型、专业型、普通型等类型。例如，以旅游（文化型）为目的所涉及的交际，从交际风格到交际内容肯定与以商业谈判（职业型）为目的的交际迥然有别。医生和病人之间的谈话（专业型）与一般性谈话（普通型）肯定不一样，如果医生不使用专业术语，病人会对他的医术产生怀疑。交际目的会在很大程度上影响交际，交际目的千差万别，语言使用也精彩纷呈。

三是交际场景。交际场景中最重要的是物理场景，物理场景又可分为空间场景和时间场景。在交际过程中场景这一因素的作用非常重要，即使是交际双方的交际目的相同，交际场景对交际行为的要求也可能有很大的差异，所用的语调、音量、非言语行为乃至词汇和句法等都会受场景因素的制约。

简单的问候语会因其使用的地点和时间不同（如室内室外、楼内楼外、早晨晚上等）而有很大区别。人们之间的交谈行为也会受场景的影响，这些场景因素包括空间的选择、房间的大小、座位的安排等，它们都可能决定交谈的类型、方式、话题和内容。交际所遵循的场景适应性规则因文化而异，这就为跨文化交际带来了困难。当我们置身于不同文化中，即使较熟悉的场景，因为不具备与其相应的、内化了的交际行为规范，我们就有可能不知所措，心理距离就会拉大。

一、角色关系与跨文化交际

（一）角色概念

1. 角色的社会学含义

“角色”这一概念是从戏剧术语中引进到社会学领域中来的。演员的舞台行为必须遵循剧本对角色的具体要求，绝不是演员根据本人意愿决定的。

那么，社会角色就是某一特定社会群体对某一特定社会身份的行为的期望，人们的社会交往从方式到内容都在不同程度上取决于人们的角色关系。编码、译码过程不仅依靠语码本身，还依靠诸如社会身份、角色关系、交际场景等因素，这就是社会语言学家经常说

"角色"和"情景"是社会建筑的基石的原因——"角色"和"情景"揭示出人们在社会这个大舞台上是如何演戏的。社会是由人际关系组成的，这些关系规定了社会角色，每一个社会成员都不得不承担某种社会角色。人们通过语言和行为来扮演和完成各自的社会角色及其任务，同时又通过角色来预测别人的行为。

事实上，社会中的每一个人都存在于同他人的关系之中，对子女来说你是父亲或母亲，对妻子来说你是丈夫，对学生来说你是教师，对下属来说你是领导，对客人来说你是主人，对商家来说你是顾客，对病人来说你是医生，等等。在这些人际交往中，你必须按社会对这些角色的期望去行事，去说话，去与人交往。我们就置身于纷繁复杂的角色关系的网络之中，并被要求通过交际去担任各种各样的角色，诸如教师、学生、父亲、母亲、子女、领导、群众、商家、顾客、医生、病人等。我们必须在不同场合、不同时间，根据不同社会关系、不同谈话内容遵守不同的规则。如果我们的行为不符合社会对我们担任的角色的期望，不符合社会规范，那么我们的行为就不会为社会所接受，我们将会受到冷落、受到疏远或受到排斥。

当我们置身于一个不同的文化环境中时，我们应按照这种文化的社会期望和社会规范去扮演每一个必须扮演的角色，按角色去做事、说话和交往，否则就不能取得预期的交际目的。那么，如何判断角色在交际中是否达到了某一社会期望呢？通常可以归结为三点：第一，你的行为是否符合被赋予的社会角色，即你是否选择了准确的角色；第二，角色表现是否恰当，即你的行为是否已达到有关文化评价的规范或标准；第三，行为是否令人信服，即是否使人毫无疑问地认为你已合情合理地进入了角色。

显然，被认为是恰当的、合情合理的行为标准因文化而异，社会角色是社会活动的必要的个人行为方式，它必然带有社会评价的痕迹。社会可以认可、赞同，也可以不认可、不赞同。值得注意的是，角色具有使人们的行为规范化的作用，这种期望规定了社会成员的权利、义务和行为模式。如果社会成员反其道而行之，就会因失范而受到不同的惩罚，比如受到售货员的冷眼、受到教师的批评、受到父亲的责骂、被领导疏远、被观众喝倒彩、被朋友冷落、被亲戚看不起、被视为"另类"而孤立，甚至遭到群起而攻之，总之，你在这个社会群体中就会难以生存。

2. 角色规范的文化差异

改革开放以来，中西方加强了交往，访问、留学、旅游、工作等成为很普遍的现象，有关角色关系、角色行为的规范差异在跨文化交际中产生的冲突屡见不鲜。这里仅对"主人"和"客人"的角色关系加以分析。

西方人那种坦诚、直率、平等、非正式地对待“客人”的方式，也会使刚去美国的中国人感到茫然。有一个去美国留学的中国留学生，受朋友邀请去参加周末在旧金山一个著名酒吧举行的生日聚会。他欣然答应，为此还按中国人的习惯做了充分的准备，穿了很正式的西装，准备了很体面的见面礼。到了那里，他才发现气氛格外休闲，自己西装革履显得很不协调。见到了寿星，把礼物交给了主人，不料主人却当着自己的面把礼物拆了，说：“Oh，so beautiful！I like it very much.”他本想多说几句客套话，主人却就此打住了话题：“Welcome to my party！Enjoy yourself.”然后就去张罗别的事情了。而且，他发现大家送的都是一些小礼物，显然没有他这么正式。聚会开始后，主人打开各种食品盒子，没有正餐的食品，全是一些坚果、带辣味的绿色膨化豆，还有一些小点心。最让他摸不着头脑的是生日聚会有吃的没喝的，谁渴了都要自己掏钱买饮料，这在中国是绝对无法想象的事情。原来主人选择这么高雅的酒吧没有付租金，和老板的约定是买他的饮料，自带食物，而且谁渴谁自己买。他只能自己去柜台买饮料喝，心里却很有感慨，因为中国的生日宴请，谁要是这样怠慢了客人，后果是不可想象的。

当然，中国改革开放如今已 40 多年，中西方交往的时间也不短了，所以彼此都多少了解了一些对方的文化，也会尽可能地调整自己的行为，以适应对方的文化。有这么一个真实的案例：假期回国探亲的留学生小蒙请来中国旅游的美国同学约翰到他家做客，约翰爽快地答应了。小蒙事先特地嘱咐父母要注意一些细节，不要太过热情，不要问东问西。第二天，约翰如约去了小蒙家，他很有礼貌地向小蒙父母问了好，然后和小蒙坐在沙发上聊天，而小蒙的父母送来饮料后便去厨房准备晚餐，再也没去客厅打扰两个人。约翰有些好奇地问：“不是说中国父母都很好客，会拉着客人的手问东问西的吗？”小蒙坦诚地回答道：“我关照过他们不用来管我们了。”晚饭时间到了，看到一桌子色香味俱全的菜，约翰不断称赞。小蒙的父母刚想回答“哪里，哪里”，突然想到小蒙的嘱咐，立马改口说：“Thank you.”除了筷子，他们还为约翰准备了刀叉、调羹，并准备了盘子以便分餐。小蒙的父母除了开场说了句“Enjoy yourself”后再无他话，气氛着实有些尴尬、冷清。事后约翰问小蒙：“我看电视剧里你们中国人吃饭都是很热闹的，还经常谈话交流。为什么你们都不说话呢？”小蒙说：“那也是因为你在，他们才忍着没有多说话呀。”两人不约而同地哈哈大笑起来。案例说明约翰事先已经做过“功课”，了解了中国平常人家待客处事的风格，而小蒙为了避免造成误会也让自己的父母事先了解了美国人的习俗。而正是因为这样的了解使交际双方都改变了原先的角色行为，让事情发生了戏剧性的变化。

（二）角色关系

1. 角色关系的社会类型

影响交际的社会因素很多，其中最重要的恐怕是交际者的社会地位。社会地位可能是差序或垂直的（hierarchical or vertical），也可能是平等或平行的（egalitarian or horizontal）。日常交往的情景纷繁复杂，社会角色多种多样，社会关系也各式各样。社会语言学家把形形色色的关系概括为普遍存在的“权势”和“一致性”关系。“权势”通常指上下关系、尊卑关系，也可能以年龄长幼、职业差别、受教育程度高低等情况来确定；“一致性”则指人与人之间平等的关系，通常指社会特征（性别、年龄、种族、家乡、职业、志趣等）的共同性，也可能彼此经验共享、关系亲密等。“权势”关系是不平等的关系，是不能互换的。“一致性”关系是平等的关系，是可以互换的。语言学家已经证明，语言就是“权势”和“一致性”关系的标志。通常，比较正式的语体标志着交际双方社会地位不平等，而比较随便的语体则标志着双方可能比较亲密或者志趣相投等。

角色关系为交际者在交际过程中理解彼此的信息提供参照系，即起到背景的作用。不同文化背景的人们交际时，需要了解对方的角色，并对行为的社会期望有所了解，这样才能保证交际的有效进行。在交际过程中，交际者可以通过角色关系预测对方的行为，这就是角色可能起到的预测作用。角色的这种作用当然是社会期望对角色行为的规范作用所决定的，因为社会期望为角色制订了行为规范。

2. 角色关系的文化差异

角色关系对跨文化交际有着特殊的意义，因为角色关系对交际的影响可能因文化而异，相同的角色关系可能要求不同的行为。对跨文化交际来讲，不同文化可能有不同的方式来标志“权势”和“一致性”关系，对其解释也因文化而异。在面对面的交往中，有的文化可能受其差序格局的社会结构的影响，偏向“权势”性关系；而有的文化可能正相反，偏向“一致性”关系。

人际交往的称呼就很能反映不同文化的差异。中国人与人交往，如果对方有身份、有地位，则惯常以头衔或官衔来称呼对方，比如，孩子对长辈、学生对教师是绝对不能直呼其名的，规定很严格。即使对方并没有什么头衔、官衔，但出于需要，也会使用一些“档次”较高的社会称呼，比如称非教师的专业技术人员或机关文职人员为“老师”，称医院的护士或一般工作人员为“大夫”。这都是为了体现一种“权势”关系，是中国传统文化中“尊重权威”的社会规范所决定的。而形成鲜明对照的是西方人交往时习惯直呼其名，下属对上司直呼其名，孩子对父母直呼其名，学生对教师直呼其名。

父母和孩子之间的关系也是典型的社会角色关系，中西方的社会行为规范也截然不同。在中国父母的眼里，孩子是属于他们的“私有财产”，他们生育、养育了孩子，孩子就必须尊重、服从父母，因此两者的关系属于“权势”的。父母有权决定或干涉孩子的学业选择、职业选择、婚姻选择等。父母出于对孩子的负责，普遍强化了对孩子的培养、教育，往往将自己的意愿强加于孩子，结果是“代沟”越来越深，隔阂越来越大，孩子的逆反心理也表现得更加强烈。

父母对孩子的理解、对孩子平等式的沟通、对孩子犯错误的客观处置、对孩子学习态度所持的平常心以及孩子与父母的融洽相处，这一切都让中国孩子尤其羡慕、期待和渴望。

（三）角色关系的变量

1. 交际的正式程度

所谓交际的正式程度，指社会群体对角色规范的重视程度。角色关系因文化而异，有些文化之间的差异甚至还会很大，也就是说，有的国家或民族的人们在交往时出于角色的规范而交际行为较为正式，有的则较为随便。相对地讲，以中国为代表的一些东方国家比较重视交际的正式程度，这和以美国为代表的一些西方国家形成了较为鲜明的对比。

中国人历来重礼节、讲面子。中国传统社会由于受到差序格局的社会结构的影响，人们交往时，特别看重社会地位、看重形式、讲究礼仪，言语行为规范趋向程序化。而美国人随便、坦率、不拘小节，不拘泥于形式。

例如，教师和学生的关系是一种典型的角色关系，师生之间的交往可以用来检验一个社会群体对待交际的正式程度。中国有一句谚语叫“一日为师，终身为父”，也就是说师生关系的重要性等同于父母与子女的关系，从古至今，中国都强调要“尊师”，几乎所有的学校也都有相关的规定，并作为纪律执行。既然学生要“尊师”，那么教师就要有“师道尊严”，言行举止要像一个教师，不能随便处事。这些都是角色规范，师生双方都要遵守，一旦教师不像教师了，学生也就不像学生了。在日本、韩国的文化中这一点也是一脉相承的，学生对教师非常尊重。中东一些国家在这一点上也具有共性。在土耳其，学生对教师非常尊敬（甚至可以说是畏惧），当教师进教室时，全班学生必须起立；在街上遇见教师必须鞠躬致意。

与此相反，西方人在师生关系处理中通常比较随便，不拘泥于形式。他们允许学生向自己挑战，敢于公开承认自己在哪一方面无知，并且从不以此为耻。在很多场合，美国学生对教师都直呼其名，他们把形式、风度和礼仪当作浮夸、自傲的行为。

角色关系的正式与否在跨文化交际中是一个重要因素。中国和西方文化在角色关系方面差异如此之大，交际时产生文化碰撞是很自然的、难免的。角色关系在正式和非正式方面的差异在日常交往中经常造成误解，导致心理距离。改革开放以来，为了加强交流，很多高校都开展双语教学，进行合作办学，聘请一些“外教”给中国学生上课，上课过程中发生的矛盾、冲突大多是由在师生角色关系处理上的规范差异引起的。

2. 个性化的表现程度

由于文化的差异，不同社会中人们在角色关系处理中的个性化表现可能很强，也可能很弱。角色关系中个性化程度的差异取决于当事人是处在“强交际环境”还是处在“弱交际环境”之中。相对而言，处在“强交际环境”的人们，由于对环境因素较为敏感，他们习惯于把个人和环境因素当作一个整体，对自己和对别人总是做整体式估价。他们不论与谁交往，总把对方看作有理智、有感情、有血有肉的完整的人，其次才从对方的社会角色考虑。因此，他们与他人交往时“个性化”的表现程度较高。而处于“弱交际环境”的人们则不然，他们对环境因素不敏感，往往把个人和其所处的环境分开，把个人的角色行为和其所具有的感情分别对待，他们习惯以自己或有关人的社会角色以及对他的社会期望为依据，很少考虑情感因素，因此他们对客观事物或人的行为态度倾向于非个性化，或个性化程度较低。

比如，与美国商人进行业务谈判时，中国人或日本人首先从感情出发，把对方当作朋友，其次才是谈判对手或商人；而美国人则首先考虑对方是谈判对手或商人，至于是不是朋友则是次要的。出发点不同，谈判的指导思想和具体方略也不同。中国人或日本人可能先进行情感沟通，叙叙友情，宴请宴请，游览游览，然后才谈业务。这是非常常见的现象，也是合乎常理的待客之道。而美国人则免去了这一切情感沟通的程序，开门见山，直奔主题，进行业务谈判。在他们看来这样才是合乎情理、讲究效率的。因此，在这样一种跨文化交际中，难免产生文化的冲突。中国人或日本人感觉美国人太“生意化”，不懂人情；而美国人则认为中国人或日本人太“情感化”，不合逻辑。

3. 偏离角色行为的允许程度

在任何文化中，人们处理角色关系时，实际角色行为和理想的角色行为之间总是存在着差距。人们对偏离理想角色行为的允许程度因文化不同而有所区别，有些文化对人们的角色行为偏离的允许程度较高，而有些文化对角色行为偏离的允许程度较低。通常认为，对具有较“宽松”的社会结构的社会来讲，人们交往中的社会角色行为与理想角色行为之间允许有较大程度的偏离；而具有较“严格”的社会结构的社会，人们交往中的社会角色行为与理想角色行为之间不允许有较大程度的偏离。正因为如此，“严格”的社会结构中人们的角色行为的可预测性，要大于较为“宽松”的社会结构中人们的角色行为。“严格”和“宽松”的社会结构概念可能与“强交际环境”和“弱交际环境”的概念相对应。因为“强交际环境”的文化中，相对多的信息寓于环境之中，而相对少的信息寓于语码之中，这样交际行为必须与环境期望保持一致，其可偏离理想角色行为的程度自然很低，对其可预测性则相对增大。反之，在“弱交际环境”之中，相对多的信息存在于语码之中，而环境因素对角色交际行为的制约相对较弱，因此人们的角色行为的偏离程度自然较高，对其可预测性也就相对降低。事实证明，较为“宽松”的社会结构往往属于“弱交际环境”范畴，而较为“严格”的社会结构往往属于“强交际环境”范畴，其角色交际行为则因之而异。

比如，一些东方国家的社会结构属于“严格”的结构范畴，角色行为的偏离就很难被容忍，并往往被当作越轨的行为，甚至会受到社会的谴责。因此在交往中人们的言语行为趋向高度程式化，可预测性也就高。而西方的社会结构则较为“宽松”，因此对西方人的社会行为的可预测性远远低于东方国家人们的社会行为。

二、人际关系与跨文化交际

（一）人际关系及其制约因素

1. 人际关系

（1）人际关系的属性

跨文化交际所涉及的另一个重要社会环境因素是人际关系。顾名思义，人际关系就是人与人之间的关系。孔子说：“人者，仁也。”说明“仁”是做人的本质属性。“仁”字由“二人”构成，这个字体现的就是人际关系，说明人在社会中的存在是以他人的存在为前提的，有人存在就有人际关系。人际关系是极为普遍的社会现象，是社会中每个个体成员生存和发展的基础，也是社会得以生存和发展的基础。人际关系是通过交际实现和完成的，但实现某种关系的交际方式会因文化的不同而有所区别。因此，对研究与人际关系极为密切的跨文化交际来讲，人际关系的重要性是不言而喻的。

人际关系本质上是人与人之间心理上的关系，是指人们通过交际活动所产生的心理接触，即心理距离。人际关系不同于角色关系。人际关系是心理学的概念，体现的是人际间心理距离的疏密程度；而角色关系是社会学的概念，体现的是人际间社会距离的“权势”和“一致性”关系。当然，两者的关系十分密切。

人们在社会交往中建立起了各种不同的关系，有亲密关系、疏远关系甚至敌对关系，这些关系都是心理距离，统称为人际关系。人与人之间的关系越近，双方就越会心心相印、肝胆相照，如同一个家庭中的兄弟姐妹，亲如手足、情感交融、无话不谈。如果彼此交往关系不深，共同语言不多，那么心理距离就比较大，关系处理就会“不冷不热”“逢人只说三分话，不可全抛一片心”。如果彼此有成见，相互有矛盾，或发生过冲突，交往自然就疏远了，甚至老死不相往来。“酒逢知己千杯少，话不投机半句多”说的就是这个道理。

（2）人际关系的类型

社会中的人际关系纷繁复杂，多种多样。总体上看，存在血缘关系、地缘关系、业缘关系和政治关系。血缘关系是人们不可选择的，是先天决定的，主要指亲属关系；地缘关系是由人们所处的地理位置或空间位置决定的，邻里和老乡就属于这种关系；业缘关系是指工作或职业环境中形成的关系，同事、同学、战友、朋友以及上下级就属于这种关系；政治关系是指政治上的领导与被领导的关系。我国台湾有些学者把人际关系概括为“五同”，即同宗（血缘关系）、同里（地缘关系）、同学、同事、同好（这三者都属于业缘关系）。从理论上来说，每一个人都生存于这样一张社会人际关系的“网”中，而这张人际关系网中的任何一个节点都是与你有关系的另一个人，这个人也置身在属于他的一张人际关系网中。由此类推，网套网、网联网，这张人际关系的“网”就会无限延伸，变得无限广大。因此有人说，只要你愿意，你可以通过你的关系网与世界上任何一个人发生联系，包括名人、明星、政要、权威、专家等。事实上这真不是臆想，而是完全有可能发生的事实。

人际关系是人们赖以生存的最重要的因素之一，任何一个人都肯定并必须生存在这样一张社会人际关系网中，这就是所谓的“人脉”。“人脉”能使你有一种社会归属感，能满足你情感宣泄的需求，能创造一个你同别人“共享”的空间，能在你发生挫折、遇到困难时给你有力的支撑。在实际生活中我们也多少有过这样的经历：当你一个人孤立无援时，会产生情感压抑、性格变异乃至心理变态；当你一个人独处时间久了，你会感到抑郁；当你在山林中独自迷路了，你会感到恐惧；海难发生后，你侥幸漂到一个荒凉的孤岛，你会觉得绝望；由于种种原因你在单位里陷入孤立，你会产生一种莫名的紧张。诸如此类的情景都充分说明人际关系对一个人生存、发展的重要性。就这一点来说，中西方文化都是一样的，只不过各自的表现方式不同而已。

2. 制约人际关系的因素

制约人际关系的因素主要有文化因素、社会因素、心理因素和地理因素。由于不同文化的人们在社会化的过程中习得了不同的价值观念、不同的认知方式、不同的行为规范等，因此不同文化间的人际关系的基本原则和处理方式会迥然有别。

（三）人际关系取向及其类型

1. 人际关系取向的文化类型

不同的国家和民族以自己的独特方式构建社会，文化的差异形成社会结构的差异，必然导致人际关系取向方面的差异。对人际关系取向分类也和对其他事物的分类一样，研究的角度不同，采用的标准不同，分类的结果也不同。有的学者把人际关系分成可选择型和不可选择型，如父母与子女的关系是不可选择的，而其他关系是可选择的；有的学者把人际关系分为长期型和短期型，如夫妻关系是长期的，而演员和观众的关系则是短期的；有的学者根据血缘、地缘和业缘对人际关系进行分类，如亲属关系是血缘的，邻里关系是地缘的，同事关系是业缘的。任何社会都会有以上提及的各种类型的人际关系，只是不同的社会可能在类型选择时侧重点不同而已。从跨文化交际的角度来看，中西方学者比较一致的看法是把人际关系取向分为情感型、工具型和混合型三种类型。因此，我们就以工具型、情感型和混合型关系为基础，对人际关系取向及其类型进行分析。

（1）情感型人际关系取向

这是在亲朋好友之间的关系基础上延伸、发展起来的关系。在交往中，人们相互依存、相互满足包括情感在内的各种需求。交往双方表现出信任、亲和、重情重义的态度以达到物质、精神及情感方面的共享。一般来说，亲朋好友或同一群体之间所存在的情感关系较为持久、牢固和稳定。但由于情感关系和其他关系往往会产生矛盾，这就可能产生亲情困境，或造成情感危机。

（2）工具型人际关系取向

这是人们在交往时为达到某一目的或获取某种利益所建立起来的一种关系。这种关系不同于情感关系，情感关系的建立本身就是目的，而工具型的关系只是人们为了达到某一目的而采取的一种手段而已。一般来说，工具型关系是一种非个人化、非情感化的关系，显得理智而直率，因而表现出短暂、不牢固、不稳定的特征。

(3) 混合型人际关系取向

这是一种既有情感性又有工具性的混合式人际关系模式。交往双方彼此认识而且具有一定程度的情感关系，但其情感又没有深厚到可以随意表现出真诚行为的程度。一般而言，这类关系可能包括亲戚、邻居、熟人，或相处较融洽的同事、同学、同行、客户，还可能是交往双方共同认识的第三者。

这是一种最典型、最普遍的人际关系类型，彼此认识的一群人，构成一张张不同的人际关系网，构成了自身生存、发展的社会生态环境。从旁观者角度看，一个人可能同时涉入几个不同的群体中，置身于数张不同的关系网内；从当事者的角度看，每个人都以自己为中心而编织其独特的关系网。这种人际关系的存在及其是否能持久，取决于人与人之间的人情往来，因此维系这种关系的准则可以称为“人情”准则。

2. 人际关系取向的比较分析

(1) 中国社会的人际关系取向

如果用以上三种人际关系取向类型来审视不同文化的选择，那么东西方的差异是显而易见的。相对而言，中国社会的人际关系偏向于“情感型”关系和“混合型”关系。其中“情感型”关系是人际关系的底层，对中国人来说，这是满足情感的基本需求；“混合型”关系是人际关系的上层，对中国人来说，这是生存、发展的基本条件。中国社会非常注重人情和面子，人际交往讲究“做人情”“送人情”，注重“礼尚往来”“欠情还情”，提倡“滴水之恩，当涌泉相报”，必要时“为朋友两肋插刀”。

但是对中国社会中的人际关系取向要全面分析。因为“混合型”人际关系取向本身具有两重性，既有情感性，又有功利性，而功利性表现为利益的获得。当利益分享合理时，能维系情感基础；一旦利益分配引起冲突，那么本来就不很坚固的情感基础就会出现危机，导致人际关系的恶化。改革开放以来，经济发展了，人们富裕了，物质的丰富带来了对利益的追求，价值观念也发生了一定的变化。这种变化集中表现在“混合型”的人际关系取向中，功利的一面在提升，人际关系不和谐的概率也在提高。

(2) 西方社会的人际关系取向

长篇小说《喜福会》是华裔美国女作家谭恩美的成名作。作为中国移民的后裔，谭恩美在自己的家庭中接受了中国文化的熏陶，在她的骨子里，有一种无法消解的中国文化情结；但她同时作为在美国生长的第二代移民，接受的是典型的美国式的教育。《喜福会》所讲述的便是四位华人移民妇女和她们在美国长大的儿女之间的故事。小说中有一个令人印象深刻的片段，丽娜·圣克莱尔的母亲有一次去她女儿家里，发现一份贴在冰箱门上的账单。账单两边分别写着女儿与女婿的名字，并且罗列着各自的账目。原来女儿与女婿一直坚持均摊生活费用，从头发喷雾剂到假发垫，从照相扩影到冰激凌，他们都要定出个是“共享”或是“各自”的确切范畴。比如两人结婚时，一个人坚持付了婚礼费，另一个则请了朋友来照相作为抵消；在购置房子时也要达成协议，根据买房子出钱数目的比例来分配谁拥有所有权，谁拥有支配权。

但是还有一些东西界限过于混淆，比如丈夫送给妻子一只猫，猫得了跳蚤病需要杀虫剂，这杀虫剂的钱应该由谁来付？妻子出面订阅的食品烹饪杂志，但丈夫自己也常找出来翻阅解闷，等等。诸如此类的问题经常引得夫妻两人争论不休。身为传统中国女性的母亲自然无法接受这种夫妻间斤斤计较的平摊付费的方式，她觉得诧异又疑惑。但丽娜和她的丈夫哈罗德却认为唯有如此，才能排除一切错觉和一切捆绑感情的束缚，从而达到相互间的真正的平等尊重。原来，在美国人看来，这样做的最终目的却是互相的“平等尊重”。这虽然是小说，未必具有绝对的真实性，但确实反映出美国社会处理人际关系的一些实际情况。

不同文化对人际关系取向的选择，使得人们在待人处事上采取完全不同的态度和策略。美国人的这种“工具型”关系及其延伸，可以说是一种实用型的关系，表现在交往中常常是理智的、超感情的。比如，当一个孩子在学校被另一个孩子欺侮之后，他很可能去找一位能解决问题的人寻求帮助，而不是跑回家告诉父母亲。而在中国，被欺侮的孩子首先想到的是跑回家告诉父母亲，以寻求庇护和安慰。再比如，在人与人之间发生冲突时，西方人会设法寻找另一个合适的人选代替某人的位置，也就是说这种关系是工具型的，谁承担这一工具角色都可以。“谁”并不重要，工具关系能体现出来即可，这是典型的被称为功能取向的人际关系。由此可以想象，具有完全不同的人际关系取向的中国人和西方人交朋友肯定会产生矛盾，中国人会觉得西方人不通情理，或不够“哥们儿”，而西方人会觉得中国人太重感情、太不理智。

第三章　英语教学中的文化教学

第一节　英语文化教学的基本内涵

语言是文化的重要组成部分，语言背后蕴含的是丰富的文化内容。但是，要想明确英语文化教学的相关知识，首先就需要弄清楚其基本的内涵。

一、文化教学的兴起与发展

文化教学是从跨文化教育中来的，并且随着跨文化教育的发展而不断进步与发展。

跨文化教育有着悠久的历史，从古至今，世界上很多国家都在不断进行交往与合作，如国家之间的相互旅游、不同国家之间的留学等。实际上，这都是跨文化教育实践的内容与范畴。

世界上不同文化之间不断交流与合作，促进各国文化不断进步与发展。但不得不说，由于受价值观念、思维模式等的影响，必然会存在文化差异，这就可能导致出现冲突或者隔阂。为了保证各个国家、民族之间可以顺利地进行交往，就必然要学习互相的文化，这就需要跨文化教育的参与。

跨文化教育这一领域非常新颖，大约是在 1960 年产生的，因为在这一时期出现了很多的移民，其存在导致了很多社会问题的产生。最开始，移民国家对于移民如何适应当地环境、如何生存非常关注，随着时代的进步，他们也开始关注文化交融，并开始研究为何会出现文化交融，为何有的文化交融后会消失，为何文化会出现变迁等。之后，跨文化教育理论逐渐产生，如文化融合理论、文化变迁理论、多元文化教育理论等。

作为一种国际性的思潮，跨文化教育主要是在 1990 年前后，在联合国教科文组织的推动下得以产生的。从 1980 年起，联合国教科文组织开始分析和研究教育与文化二者的关系，尤其是教育对文化会产生怎样的作用。之后，联合国教科文组织开始组织各种活动，并提倡应该编写合适的教材，让孩子们能够了解不同文化知识。

到了 1990 年，基于联合国教科文组织的推动，跨文化教育的理念更加清楚和明确，并得到了很多国家、地区的认可。之后，联合国教科文组织召开了第 43 届教育大会，在这次大会上，将教育对文化的贡献作为主题，并促进了世界各国跨文化教育的进步与发展。具体来说，主要体现为如下几点。

第一，注重人的全面发展，并认为通过人与人之间的接触能促进人的全面发展。

第二，明确联合国教科文组织的重要目标在于对教育进行普及、对文化进行传播，从而保证文化的独立性与多样性。

第三，明确每个人都有权利参与到文化互动之中，对文化生活加以享受。

第四，对不同文化之间的交往活动予以重视，从而保证文化具有多样性，也能够将文化的特性彰显出来。

第五，对教育与文化的关系予以明确，尤其是教育对文化产生的影响。

第六，对跨文化教育的概念予以明确，并指出跨文化教育的目的在于对文化的尊重以及对文化多样性的理解。

第七，对跨文化教育的内容与范畴加以界定，不仅容纳了某些学科的内容，还将所有学科教育与学校媒体、学校系统等内容融入进去。

第八，认为学校应该与社会环境结合起来，构筑成一个有效的会话场所，并逐渐扩充学生的视野，尤其是文化视野。

第九，对跨文化教育的方法与策略予以明确，并阐释了教育课程、教育内容等原则。

第十，主张构建跨文化教育的质量标准，从而推进跨文化教育在世界的进步与发展。

进入 21 世纪，联合国教科文组织为了将跨文化教育更好地推进，提出了具体的方针与措施，随着这一推动，世界各国建立了相应的机构，都是为了对跨文化教育予以推进。可见，跨文化教育在当代已经成为一种普遍现象，也必须被重视起来。

正因为跨文化教育不断发展，英语文化教学逐渐被人们关注，并展开了对其内容、目标等多个层面的研究和探讨。

二、文化教学的具体教学目的

当前，英语文化教学的目标是提升学生的跨文化交际能力，具体来说，主要可以从如下三点来理解。

第一，帮助学生树立多元文化意识。了解世界文化的多样性，有助于人们建立文化多元性的观念。文化不同，其产生的背景也不同，因此彼此之间不能进行替代。在全球化视角下，不同文化群体之间的交流变得更为频繁，因此人们需要理解与尊重不同的文化，这样就能避免在交际中出现交际困难或者交际冲突。在英语文化教学中，教师应该让学生对不同文化逐渐了解与熟知，让学生们不仅要了解自身的文化，还要了解他国的文化，这样才能建构学生的文化多元化意识。

第二，发展学生的批判性思维。在英语文化教学中，教师应该培养学生的批判性思维，让学生逐渐反思本国文化，然后将那些有利的条件综合起来，对文化背后的现象进行假设，从而建构学生自己的文化观。

第三，为学生创造学习异质文化的机会。当不同文化之间进行了解与接触的时候，难免会出现碰撞，并且，很多人可能对这种碰撞感觉到不舒服、不适应。因此，在英语文化教学中，教师应该让学生了解这一点、规避这一点，提升自身的文化适应能力。

第二节　英语文化教学的内容与模式

英语文化教学不仅要求在教学中教授语言知识，还要在教学中教授文化知识。英语文化教学的目的在于研究不同文化之间的异同点，培养学生对文化差异的敏感性，以用于跨文化交际。本节就来分析英语文化教学的内容与模式。

一、英语文化教学的内容

如前所述，语言是文化的一部分，因此，英语文化教学必然包含语言文化内容的教授；此外，英语文化教学还存在一些非语言文化的教学内容，这些也是英语文化教学的重要组成部分。下面就从这两个层面来探讨英语文化教学的具体内容。

（一）语言文化

要想准确地进行跨文化交际，双方首先就需要弄清英汉语言文化的差异性，其主要表现在词汇、句子、语篇上。

1. 词汇层面

对于英汉语言来说，词汇是其组成的细胞，并且，英汉两种语言中的词汇是非常丰富的。但是，这种丰富性也导致了英汉词汇在词义、搭配能力等层面的差异性。

(1) 词汇意义

其一，完全对应。在英汉两种语言中，有些词在词义上是完全对应的，一般这类词包含名词、术语、特定译名等。例如，paper 指代纸，steel 指代钢。其二，部分对应。在英汉两种语言中，有些词呈部分对应，即，有些英语词词义宽泛而汉语词词义狭窄，例如，例如，英语的 sister 既代表姐姐，又代表妹妹；red 既指代红色，又可以指代紧急、愤怒、极端危险。而有些英语词词义狭窄，但汉语词词义宽泛，例如，汉语的“适合”一词，英语分得很细，有 fit、suit、match 三个单词。其三，无对应。受英汉文化差异的影响，英汉语中很多专门的词在对方语言中互相找不到对应词，就是所谓的“无对应”，也可以被称为“词汇空缺”。例如，chocolate 即巧克力，hot dog 即热狗。其四，貌合神离对应。在英汉两种语言中，有些词表面看起来是对应的，其实不然，这种对应的词语可以称为“假朋友”。例如，grammar school 为升大学的学生设立中学，而不是“语法学校”；talk horse 指吹牛，而不是“谈马”。

(2) 词汇搭配能力

词汇的搭配研究的是词与词之间的横向组合关系，即所谓的“同现关系”。一般来说，搭配是约定俗成的，但是英汉搭配存在着明显的规律，不能混用。例如：

as plentiful as blackberries 多如牛毛（不是“多如黑莓”）

black tea 红茶（不是“黑茶”）

另外，很多词具有很强的搭配能力，如英语中的 to do 可以构成很多词组。to do the bed 意思是铺床，to do the window 意思是擦窗户，to do one’s teeth 意思是刷牙，to do the dishes 意思是洗碗碟。通过上述 to do 组成的这些词语可以看出其搭配能力的广泛，可以用于“床”“窗户”“牙”“碗碟”等，但是汉语中与之搭配的词语不同，用了“铺”“擦”“刷”“洗”等。

再如，汉语中的“看”也是如此。看电影即 see a film，看电视即 watch TV，看地图则为 study a map。

2. 句法层面

在英语中，句法起着十分重要的作用，了解中西方句法的不同特征，有助于更好地进行英汉互译。中西方句法的差异有很多，这里主要从语态、句子重心层面入手分析。

(1) 语态

中西方思维模式的不同也必然会影响着语态的选择。通过分析英汉语可知，英语善用被动语态，而汉语善用主动语态，并且英汉翻译中也呈现出这一特点。语言是文化的载体，选择不同的语态代表着文化的不同。英语选用被动语态说明英语国家的人们对客观事物是非常看重的，而汉语选择主动语态说明中国人对做事主体的作用是非常看重的。

（2）句子重心

在句子重心上，汉语句子重心在后，而英语句子一般重心在前。也就是说，汉语句子一般把重要信息、主要部分置于句尾，而次要信息、次要部分置于句首；英语句子则一般将重要信息、主要部分置于主句之中，且位于句首。

3. 语篇层面

对于英汉两种语言来说，语篇即语言的运用，是更为广泛的社会实践。在英汉语言中，语言是词汇、句子等组合成的语言整体，是实际的语言运用单位。人们在日常交谈中，语言运用的一系列段落都属于语篇。同时，语篇功能、语篇意义等都是根据一定的组织脉络予以确定的。中西方语篇在组织脉络上存在着明显的差异，这些差异影响着文章的谋篇布局。

（1）逻辑连接

其一，隐含性与显明性。所谓隐含性，是指汉语语篇的逻辑关系不需要用衔接词来标示，但是通过分析上下文可以推断与理解。相反，所谓显明性，是指英语中的逻辑关系是依靠连接词等衔接手段来衔接的，语篇中往往会出现 but，and 等衔接词，这些衔接词可以被称为“语篇标记”。汉语属于意合语言。英语属于形合语言，前者注重意念上的衔接，因此具有高度的隐含性；后者注重形式上的接应，逻辑关系具有高度的显明性。例如：

The monk may run away，but never his temple.

跑得了和尚，跑不了庙。

上述例子中，汉语原句并未使用任何连接词，但是很容易理解，是明显的转折关系。但是，在翻译时，译者为了符合英语的形合特点，添加了 but 一词，这样才能被英语读者理解。

其二，展开性与浓缩性。除了逻辑连接上的显明性，汉语中呈现展开性，即常使用短句，节节论述，这样便于将事情说清楚、说明白。英语则在语义上具有浓缩性。显明性其实就是连接词的表露，是一种语言活动形式的明示，但是浓缩性并未如此。英语具有独特的思维方式与语言特点，这也决定了表达方式的高度浓缩性，习惯将众多信息依靠多种手段来思考，如果将其按部就班地转化成汉语，那么必然是不合理的。例如：

She said，with perfect truth，that “it must be delightful to have a brother，” and easily got the pity of tender—hearted Amelia，for being alone in the world，an orphan without friends or kindred.

她说道："有个哥哥该多好啊！"这话说得入情入理。她没爹没娘，又没有亲友，真是孤苦伶仃。软心肠的阿米莉亚听了，立刻觉得她很可怜。

上例中，with perfect truth 充当状语，翻译时，译者在逻辑关系上添加了"增强"的逻辑关系。英语介词与汉语介词不同，英语介词是相对活跃的词类，因此用 with 可以使感情更为强烈，在衔接上也更为紧密。相比之下，汉语则按照语句的次序进行平铺，这样才能让汉语读者理解和明白。

其三，迂回性表述与直线性表述。英汉逻辑关系的差异还体现在表述的迂回性与直线性上。汉语侧重铺垫，先描述一系列背景与相关信息，最后总结陈述要点。英语侧重开门见山，将话语的重点置于开头，然后再逐层介绍。例如：

Electricity would be of very little service if we were obliged to depend on the momentary flow.

在我们需要依靠瞬时电流时，电就没有多大用处。

上例中的逻辑语义是一致的，都是"增强"，但是在表述顺序上则相反。英语原句为主从复合句，重点信息在前，次要信息在后，而翻译成汉语后，则次要信息优先介绍，而后引出重点信息，这样更符合汉语的表达。

（2）表达方式

其一，主题与主语。汉语属于主题显著语言，汉语为了凸显主题，结构上往往包含两个部分，一部分为话题，另一部分为对话题的说明，不存在主语与谓语之间的一致性关系。英语则属于主语显著的语言，为了凸显主语，除了省略句，其他句子也都有主语，并且主语与谓语呈现一致性关系。对于这种一致性关系，英语中往往采用特定的语法手段。例如：

The strong walls of the castle served as a good defense against the attackers.

那座城墙很坚固，在敌人的进攻中起到了很好的防御效果。

显然，英语原句有明确的主语，即 The strong walls of the castle，并且其与后面的谓语成分呈现一致性关系。相比之下，翻译成汉语后，结构上也符合汉语的表达，前半句为话题，后半句对前半句进行说明。

其二，主观性与客观性。中国人注重主观性思维，因此汉语侧重人称，习惯采用有生命的事物或者人物作为主语，并以主观的口气来呈现。西方人注重客观性思维，因此英语侧重物称，往往将没有生命的事物或者不能主动发出动作的事物作为主语，并以客观的口气加以呈现。受这一差异的影响，汉语往往以主体作为根本，不在形式上有所拘泥，句子的语态也是隐含式的；而英语中的主被动呈现明显的界限，并且经常使用被动语态。例如：

These six kitchens are all needed when the plane is full of passengers.

这六个厨房在飞机载满乘客时都用得到。

显然，英语句子为被动式，而汉语句子呈现隐含式语态的表达方式。

（二）非语言文化

对于非语言文化，一般来说主要包含如下几类。

1. 体态语

体态语又可以称为“身体语言”，由美国著名的心理学家伯得惠斯特尔（Birdwhistell）提出。在伯得惠斯特尔看来，身体各部分的器官运动、自身的动作都可以将感情态度传达出去，这些由身体机能所传达的意义往往是语言不能传达的。体态语包含身势、姿势等基本姿态，微笑、握手等基本礼节动作，眼神、面部动作等人体部分动作等。

所谓体态语，即传递交际信息的动作与表情。也可以理解为，体态语是除了正式的身体语言之外，人体任何一个部位都能传达情感的一种表现。由于人体可以做出很多复杂的动作与姿势，因此体态语的分类是非常复杂的。

体态语包括眼睛动作、面部笑容、手势、腿部姿势等。

（1）眼睛动作

眼睛是人类重要的器官，是表情达意的重要组成部分，如愤怒时往往“横眉立目”，恋爱时往往“含情脉脉”等。在不同的情况下，眼睛也反映出一个人不同的心态。当一个人眼神闪烁时，他往往是犹豫不决的；当一个人白别人一眼时，他往往是非常反感的；当一个人瞪着他人时，他往往是非常愤怒的；等等。

之所以眼睛会有这么多的功能，主要是因为瞳孔的存在。一些学者认为，瞳孔放大与收缩，不仅与光感有关，还与个体的心理活动有着密切的关系。当人们看到喜欢的东西或者感兴趣的事物时，他们的瞳孔一般会放大；当人们看到讨厌的东西或者不感兴趣的事物时，他们的瞳孔一般会缩小。瞳孔的改变会无意识地将人的心理变化反映出来，因此眼睛是人类思维的投影仪。

既然眼睛有这么大的功能，学会读懂眼语是非常重要的，同时要注意不要读错。例如，到他人家做客，最好不要左顾右盼，这样会让人觉得心不在焉，甚至心术不正。

需要指出的是，受民族与文化的影响，人们用眼睛来表达意思的习惯并不完全一样。

（2）面部笑容

笑在人的一生中非常重要。当人不小心撞到他人时，笑一笑会表达一种歉意；当向他人表达祝贺时，笑一笑更显得真挚；当与他人第一次见面时，笑一笑会缩短彼此的距离。可见，笑是人类表情达意不可或缺的语言之一。

笑可以划分为多种，有大笑、狂笑、微笑、冷笑，也有轻蔑的笑、自嘲的笑、高兴的笑、阴险的笑，等等。当然，笑也分真假，真笑的表现一般有两点：一是嘴唇迅速咧开，二是在笑的间隔中会闭一下眼睛。当然，如果笑的时间过长，嘴巴开得缓慢，或者眼睛闭的时间较长，会让人觉得这样的笑容缺乏诚意，显得非常虚假和做作。当然，笑也有一些“信号”。

其一，突然中止的笑。如果笑容突然中止，往往有着警告和拒绝的意思。这种笑会让人觉得不安，会希望对方尽快结束话题。但是，如果一个人刚开始有笑意，之后突然板着脸，这说明他比较有心机，是那种难缠的人。

其二，爽朗的笑。这是一种真诚的笑，给人一种好心情的笑，一般会露出牙齿、发出声音，这种笑会让对方觉得你是一个很好相处的人，很容易信任与亲近你。

其三，见面开口笑。这种笑是人们日常常见的，指脸上挂着微笑，具有微笑的色彩，这种微笑具有礼节性，可以使人感到和蔼可亲。无论是见到长辈、小辈，还是上级、下属，这种笑都是最为恰当的笑。但需要指出的一点是，见面开口笑在笑的过程中要更为谨慎，不是一见面就哈哈大笑，这会让人感觉莫名其妙，见面开口笑是一种谨慎的、收敛的笑。

其四，掩嘴而笑。这种笑是指用手帕、手等遮住嘴的笑。这种笑常见于女性，显得较为优雅，能够将女性的魅力彰显出来。

另外，由于文化背景的差异，不同国家的人对笑的礼仪也存在差异。在大多数国家，笑代表一种友好，但是在沙特阿拉伯的某一少数民族，笑是一种不友好的表现，甚至是侮辱的表现，往往会受到惩罚。

（3）手势

手是人体的重要部分，在表达情意的层面作用非凡。大约在人类创造了有声语言时，手势也就诞生了。手是人们传递情感的行之有效的重要工具之一。一般情况下，手势可以传达的意思有很多，高兴的时候可能手舞足蹈，紧张的时候可能手忙脚乱等。当一个人挥动手臂时，往往是表达告别之意；当一个人挥动拳头时，往往是表达威胁之意。握手这样一个日常生活中普遍的动作，也能够将一个人的个性表达出来。第一种类型是大力士型，其在与他人握手时是非常用力的，这类人往往愿意用体力来标榜自己，性格比较鲁莽。第二种类型是保守型，这类人在与他人握手时往往手臂伸得不长，这类人性格较为保守，遇到事情时往往容易犹豫。第三种类型是懒散型，这类人与他人握手时，一般指头软弱无力，这类人的性格比较悲观懒散。第四种类型是敷衍型，这类人与他人握手是为了例行公事，仅仅将手指头伸给对方，给人一种不可信赖的感觉，这类人做事往往比较草率。还有一种是标准的握手方式，即与他人握手时应该把握好力度，自然坦诚，不流露出任何矫揉造作之嫌。

(4) 腿部姿势

在舞会、晚会、客厅等场合，人们往往会有抖腿、别腿等腿部动作，这些动作虽然没有意义，但是他们在传达某种信息。因此，腿在人们表情达意的过程中也有着非常重要的作用。对腿的动作的了解是人们了解他人内心的一种有效途径。当你坐着等待他人到来时，往往腿部会不自觉地抖动，以表达紧张和焦虑之情。当你心中想拒绝别人或者心中存在不安情绪时，往往会交叉双腿，或是腿脚都做随时离开状。

2. 副语言

一般来说，副语言又可以称为“伴随语言”“类语言”，其最初是由语言学家特拉格(Trager) 提出的。他在对文化与交际的过程进行研究中，搜集整理了一大批心理学与语言学的素材，并进行了归纳与综合，提出了一些适用于不同情境的语言修饰成分。在特拉格看来，这些修饰成分可以自成系统，是伴随着正常交际的语言，因此被称为“副语言”。具体来说，其包含如下几个要素。

(1) 音型 (voice set)，指的是发话人的语音物理特征与生理特征，这些特征使人们可以识别发话人的年龄、语气等。

(2) 音质 (voice quality)，指的是发话人声音的背景特点，包含音域、音速、节奏等。例如，如果一个人说话吞吞吐吐，没有任何的音调改变，假如，呃呃，他说他喜欢某件东西其实意味着他并不喜欢。

(3) 发声 (vocalization)，其包含哭声、笑声、伴随音、叹息声等。上述三类是副语言的最初内涵，之后又产生了停顿、沉默与话轮转换等内容。

3. 客体语

所谓客体语，是指与人体相关的服装、相貌、气味等，这些东西在人际交往中也有着非常重要的作用。从交际角度而言，这些层面都可以产生非语言信息，都可以将一个人的特征或者文化特征彰显出来，因此非言语交际是一种非常重要的媒介手段。

（1）相貌

无论是西方文化还是中国文化，人们对于自己的相貌都非常看重。但是，在各国文化中，相貌评判的标准也存在差异，有共性，也有个性。例如，汤加人认为肥胖的人更美，缅甸人认为妇女脖子长更美，美国人认为苗条的女子更美，日本人认为娇小的人更美等。

（2）饰品

人们身上佩戴的饰品本身并没有什么意义，但是出现在不同的场合，就是一种媒介和象征。例如，戒指戴在食指上代表求婚，戴在中指上代表恋爱中，戴在无名指上代表已婚。这些作为一种约定俗成的代码，人们不可以弄错。

一般来说，佩戴耳环是妇女在交际场合的一种习惯。当然，少数的青年人也会佩戴耳环，以彰显时尚。男性佩戴一只耳环表示有大丈夫的气息，但是佩戴两只耳环表明他是一个同性恋者。

二、英语文化教学的模式

随着英语教学的不断开展，教师对于英语的文化内涵开始给予关注，并且意识到在英语教学中培养学生的文化交际素质是非常重要的。在文化教学中，教师应采用恰当的教学模式，只有这样才能实现教学目的。一般来说，文化教学的模式主要有如下几种。

（一）“交际—结构—跨文化”模式

文化教学的常见模式就是“交际—结构—跨文化”模式，这一模式与中国人的英语教学习惯相符合。在英语教学中，中国的大多数学生都是以汉语思维展开学习的。但是，这种认知与思维方式与英语学习的规律不相符。心理学家指出，事物之间的差异越大，就越能对人类的记忆进行刺激。“交际—结构—跨文化”模式就能够从英语学习的全过程出发，展开认知层面的刺激。在教学的各个阶段，都会对学生的目的语思维模式产生影响。

1. 交际体验

交际体验即让学生掌握一定的交际能力，通过运用英语展开交际。交际能力是人们为了对环境进行平衡而实施的一种自我调节机制。通过这种交际体验，能够不断提升学生的交际能力。在交际过程中，交际双方需要建立在一定的语言交际环境的基础上，不断了解和熟悉交际双方的背景知识，从而将交际双方的交际技能发挥出来。我国的英语教学需要为学生营造能够进行交际体验的环境，这样才能形成一种双向的互动与交际模式。

2. 结构性学习

结构性学习将语言技巧作为目标，将语言结构作为教学的中心与重点内容，从而利用英语展开教学。语言具有系统性，语言教与学中应该对这种系统性予以利用，找到教与学的规律，实施结构性学习。

结构性学习必须要对如下几点予以关注。

第一，对学生的英语结构运用能力进行培养。

第二，对学生的词汇选择与创造力进行培养。

第三，对学生组词成句、组句成篇的能力进行培养。

第四，对学生在不同语境下的交际能力进行培养。

3. 跨文化意识

跨文化意识是将对文化知识的了解与熟知作为目标，对文化习俗非常重视，利用英语为学生讲解文化习俗方面的知识。要想具备英语文化知识，学生不仅要对英语国家的历史与文化活动有所了解，也需要对相关文学作品进行研读，同时还要了解相关国家的风俗与习惯，形成对西方文化的学习热情与兴趣。久而久之，英语教学就成为一种对文化的探索教学，从而激发学生的学习兴趣，提升学生的学习效果。

这一模式要求在整个英语教学中对中西方文化进行对比，从而培养学生的跨文化意识。

（二）“文化因素互动”教学模式

考虑英语文化教学中存在多种问题，很多专家、学者从不同的视角提出了不同的解决方案，但是总体上都不能让人满意。文化的双向传递指的是在英语教学中，以中西方文化作为中心，以对文化的学习来促进语言的学习，从而建构学生的中西方文化知识结构，培养他们的跨文化交际能力。

文化因素互动的目的是克服因英语教学中单向的西方文化输入产生的问题，尤其是避免“中国文化失语”现象的出现，文化因素互动应该采用中西方文化的双向输入；克服零散的点的输入，而采用系统的文化输入；克服片面的流行文化的输入，而以文化精髓与文化底蕴进行输入；克服被动的文化输入，而采用主动的文化建构输入。在英语教学中实施文化因素互动模式，有利于对学生的文化知识结构进行优化，培养学生的文化能力与意识，提高学生的跨文化交际能力，使学生能够在适应全球化发展的同时，弘扬本土优秀文化，保证中西方文化的平等对话。

当前，多数英语文化教学将西方文化作为教授的内容，多以西方文化作为教学重点与资源，未将中国文化传播纳入教学之中，只是主张采用文化双中心原则。虽然当前基于全球化背景，文化研究多以西方范式作为主导，但是我们也不能忽视本土文化。很多中国学者呼吁应该进行中西方文化的平等对话，而要想实现平等对话，主体必然是中国人，并且是懂得如何进行平等对话的中国人。中国的大学是培养中国人才的摇篮，中国的大学英语教育应该承担起中西方文化平等对话的责任，要在英语文化教学中坚持中西文化双中心原则，将中国文化教学与西方文化教学结合起来，实现二者的并重，这样才能真正做到知己知彼，才能避免出现“中国文化失语”的现象。

第三节　跨文化视角下的英语课堂教学

一、跨文化意识的概念及重要性

跨文化意识是指跨文化交际中参与者对文化因素的敏感性认识，即对相异文化与相同文化的异同性的敏感，以及在使用外语时根据目标语文化来调整自己的语言理解和语言而产出的自觉性。通常可分为如下几个层次：一是对那些被认为是怪异的表面文化现象的认知；二是对那些与母语文化相悖而又被认为是不可思议的显著文化特征的认知；三是通过理性分析取得对文化特征的认知；四是从相异文化持有者的角度感知相异文化。这四个层次是跨文化意识的最高境界，它要求学习者具备移位和文化融入的本领。所谓移位就是设身处地考虑到别人的苦乐和际遇，将自己移入对方的心境，从而引起情感上的共鸣。文化融入是在部分认识相异文化差异的基础上，将自己置于对方的文化背景中来观察和思考问题。东西方文化差异的表现主要包括价值观念的不同、词汇含义的不同以及文化习俗的不同等方面。中西文化差异存在于生活的方方面面，必须处处留心，认真观察对比，努力掌握所学语言国家的文化特征，这样才能在跨文化交际中掌握好分寸，言语行为得体，以达到成功交际的目的。

跨文化意识对于大学英语的教和学具有重要意义，既有助于提高学生英语学习的兴趣，有助于学生对正确的语言运用的把握，又有助于提高学生自身的修养。英语教学的最终目的是让学生熟练掌握基本的英语语言知识和英语文化知识，并在日常交际中正确使用英语。日常交际都是在具体的文化氛围中进行的，不了解相关的文化知识，在实际交际中，轻则会造成彼此误解，互相留下不好的印象；重则会损害双方的关系，导致合作失败。此种交际失败的例子举不胜举，给教师们提出了警示：在传授语言知识的同时，必须结合相关的文化知识进行教学，双管齐下，这样，一方面可以激发学生学习英语的兴趣，另一方面也能够提高学生的文化修养，使他们成为合格的跨文化交际者。

二、跨文化意识培养的现状及提高途径

（一）跨文化意识培养的现状

虽然跨文化意识的培养具有十分重要的意义，但我国目前的大学英语教学的现状却并不令人乐观。近年来，虽然不少教材在编排上融进了新的教学理念，既面向世界、面向未来、面向现代化，也关注提高学生交际能力。但是，在外语教学本身就是跨文化交际这一个问题上，还远未达成共识，甚至仍有一种观点认为：语言课只能讲语言知识。这就全然不知语言是文化的载体，语言与文化密不可分，对外国语言中所包含的相异的民族性、相异的世界观等深层文化缺乏认识。

教师在大学英语教学中，一般按照大纲要求传授给学生基本的语言技能，却忽视了对英语国家文化背景知识的传授。学生如果只是单纯地学习语言知识，而不了解语言赖以生存的文化，那就难以准确地把握、理解和使用语言。

多年来，大学英语教学中普遍存在着语言输入多、文化输入少，课堂知识输入多、课外知识输入少，抽象理论分析多、具体感悟少，对语言能力重视多、对实际交际能力重视少等一系列问题。大学英语教学成了英语应试教育的练兵场，往往忽视了对学生进行跨文化意识的培养，导致学生把语法学习和词汇学习当作学习英语语言的全部。这种应试教育限制了教学手段，使得以提高素质为目标的外语教学受制于应试教育。

（二）提高跨文化意识的途径

1. 将语言教学与文化教学有机地结合起来

语言是一种特殊的社会文化现象，是人类重要的交际工具。学习英语就是学习与汉语完全不同的文化，熟悉英语国家文化的思维方式、价值观念和风俗习惯等。学习一门外语不仅要掌握其语音、词汇和习语，而且还要知道选择这种语言的人如何看待事物，如何观察世界。要了解他们如何用自己的语言来反映他们的社会、思想、习惯、行为；同时还要了解他们的心灵之语，也就是他们的社会文化。因此在教学中，教师应在传授语言知识的

同时，向学生介绍相关文化背景知识，将语言教学与文化教学有机地结合起来，让学生充分了解和掌握与语言运用密切相关的社会文化因素，培养学生从跨文化交际的角度使用语言的能力。

教师应该让学生了解语言现象所折射出的文化内涵。比如，词汇学习中除了记忆词汇的基本意义外，还应包括其情感意义、地域色彩等，教学中应该注意讲解文化背景知识，并对中外文化差异进行对比分析，使学生在语言学习过程中不断深化对语言所蕴含的文化的理解。在此过程中要做到多种结合，即传授文化背景知识与词汇教学相结合、传授文化背景知识与翻译教学相结合、传授文化背景知识与课文讲解相结合、传授文化背景知识与本国文化对比相结合。词汇是语言的基础，是一个民族文化概念的指代方式，具有丰富的文化内涵。要使学生准确地理解和把握英语词汇（包括单词和习语、成语等）的含义和用法，需要对英语国家文化深入了解。而翻译是两种语言的相互转化，也是不同文化之间的翻译，文化知识在翻译过程中占有很重要的位置。在讲解课文时，教师应充分挖掘文章蕴含的英语国家文化知识，帮助学生深刻理解文章的思想内容。在教学中，如果遇到涉及中西方文化差异的教学内容，教师可以通过文化对比的方法让学生了解中西方文化异同，进一步加强对英语国家文化背景知识的传授。

2. 积极利用多种资源培养学生跨文化意识

首先，要利用现行教材培养学生跨文化意识。当代流行的大学英语教材不再是一个知识面单一的孤立个体，而是将自然科学、文学以及文化知识的学习有机融合在一起的教材。这些教材在编写过程中被赋予了很多文化的因素。课文内容往往涉及西方国家的政治、经济、文化、建筑、地理、工业、农业等方方面面，课文信息量大、可读性强，能生动地体现中西文化的差异。教师在备课和上课时若具有强烈的文化差异知识，那大学英语课就不仅仅是单纯的语言交流，而是以提高学生在社会生活、文学修养、价值观和风俗习惯等方面的跨文化意识为导向，大大提高了学生的语言综合运用能力的语言文化交流。

其次，要利用课堂教学培养学生的跨文化意识。除了教师利用教材，课堂教学也是培养学生跨文化意识的一个不可忽视的重要因素。课堂教学的基本形式，也是学生跨文化交际的模拟舞台，学生将带着从英语课堂中所获得的知识技能走向社会，投入真正的跨文化交际中去。

最后，要利用课外活动培养学生的跨文化意识。我国高校的外语课堂教学，无论在教学环境、教学过程、教学方法还是教学检测手段等诸多方面都存在不足。仅凭有限的课堂时间，很难达到从深层次对学生进行文化教育、培养跨文化意识的目的。为了弥补课堂教学的不足，教师应该充分利用课外活动时间，给学生创造了解英语文化和培养交际能力的机会。例如，举行英语演讲比赛、英语辩论赛，举办英语戏剧表演活动等。同时，还可以创办英语角、英语沙龙，定期组织一些英语专题讲座，邀请知名学者或外籍教师来介绍一些文化习俗方面的知识，举办英语影视或音乐欣赏会，更多地了解英语国家的学习、生活、工作等方面的状况，从而能更真切地去感受西方文化。

第四章　英语教学中的文化交流

第一节　幼儿英语教学中的跨文化教学

一、幼儿英语教育目标和教学原则

（一）幼儿英语教育目标

1. 幼儿英语教育总目标

幼儿英语教育总目标是使幼儿具有强烈的学习兴趣，能掌握日常基本词汇和简单的交际用语，养成良好的听说习惯，具有运用英语进行简单的日常交流的能力。建立初步语感，感受语言美。开发潜能，培养幼儿观察、记忆、注意、想象、表达和创造能力。开阔视野，使幼儿对英语学习中接触的外国文化习俗感兴趣，同时也能用英语表达简单的中国文化，渗透文化意识。在学习中乐于参与，积极合作，主动请教。初步形成多元、开放的思维态度，为幼儿的可持续发展打下良好基础。

2. 各年龄段英语教育目标描述

（1）小班

①认知目标

懂得要用自然的声音学习英语发音。

知道要仔细倾听才能辨别英语的语音。

听懂字母、数字、时间、星期等。

借助上下文、图画，听懂简单描述。

②能力与技能目标

能注意倾听教师的英语发音，能区分英语发音中的差别。

能在理解内容的基础上，跟教师学些简单的英语单词和句子，发音自然。

③情感与态度目标

乐意听教师和他人说简单的英语。

乐意模仿教师说的简单英语。

喜欢欣赏教师和中大班哥哥姐姐的表演。

（2）中班

①认知目标

听懂并实施简单的教室指示语，如“stand up”“sit down”“go to”“touch”“put down”等；能根据指令做事情。

听懂询问个人情况的问题，如年龄、姓名、地址等。

听懂日常生活简单社交用语，如问候、致歉、道谢等，并按别人指示做出相应的反应。

认识常见的标识及语言。

②能力与技能目标

能较专注地倾听教师和他人的发音，能辨别一些发音和语调的差异。

能大方地学说英语，发音较清晰、自然。

能说出一定数量的日常用语，自然得体地进行简单的英语会话和交际。

③情感与态度目标

能有兴趣倾听教师和他人说英语。

喜欢跟教师学习英语、学唱英语歌曲。

能专注地欣赏各种英语表演，愉快地参与一些英语游戏。

（3）大班

①认知目标

知道英语的不同语音、语调可以表达不同的意思。

听懂对普通物品的简单描述，如课堂里的事物、周围的东西，并能用非语言的方式表示出来，如画画。

能陈述个人和他人的基本情况；能简短地描述普通事物、询问事物；能够使用简单的英语较好地表达自己的思想。

②能力与技能目标

能认真专注地倾听教师、同伴述说英语，对他人发音、语调中的细微差别做出判断。

能认真地学习英语，发音清晰，语调自然。

能大方自然地演唱英语歌曲，根据故事内容扮演一些不同的角色，模仿角色语言及情感表达。

能在游戏、日常生活、外出活动的不同场合尝试运用一些简单英语句式与人交流。

能阅读附有简短英文的简易图画故事。

③情感与态度目标

能充满兴趣地倾听教师及同伴说英语，热情欣赏生活及媒体中自然、流利的英语表演。

积极、主动地学习、感知环境中可理解的英语信息材料。

热情积极地参与各种英语活动。

（二）幼儿英语教学原则

幼儿英语教育内容主要包括语音、词汇、句型、对话、指令、歌曲、歌谣、故事等，教师应根据不同年龄阶段的英语教学目标、幼儿已有的知识经验来选定英语教学内容，确定英语教育活动，尽可能选择原汁原味的纯正英语素材，创设恰当的英语环境，确保英语学习与幼儿的无意识学习特点相吻合，突出语言学习的交际功能，使幼儿学以致用，在教师有目的、有计划地组织实施活动的过程中，使每个幼儿都能有所收获、有所发展。

在教学中应遵循下列原则。

1. 直观性原则

直观性原则是指在教学中教师根据教学内容的需要，利用幼儿的各种感官和已有的经验，通过具体的事物、形象的语言或模型、图片、图表等，丰富幼儿的感性认识和直接经验，使幼儿获得鲜明的表象，作为学习新知识、形成新概念的基础。

（1）直观教具

①实物、模型、图片、手偶、幻灯片、录像等都是直观教具

俗话说："百闻不如一见。"这是人们认识客观事物的一条规律。运用实物演示情境，正是从这一认识规律出发的。比如，教师可以把实物带入课堂，这些实物都是幼儿在日常生活中接触过的，教师把它们带入教室，幼儿往往会产生一种新鲜感，注意力马上被吸引，并在英语与实物之间建立了直接联系。

一些不便带入教室的实物，我们可以通过图片、玩具或模型代替。

②简笔画

简笔画也是最为实用的直观教具之一，文与画是相通的，借助图画再现情境，可以把

内容具体化、形象化，收到“一图穷千言”的效果。

③多媒体教学

计算机多媒体技术集图、文、声、像于一体，使教学内容的呈现富有强烈的表现力和艺术感染力，寓教于乐，能够活跃课堂气氛。

（2）体态语

体态语在英语教学中运用的频率很高，方式很多，直接影响着教学效果。教学中，英语教师的手势、动作、示范、面部表情、神态、发音的口形示范、语调、声音等都可以和英语相结合，这就能够创设语言环境，渲染语言气氛，吸引幼儿的注意力，帮他们迅速完善地感知理解学习内容，提高感知的效果。

例如，在训练幼儿朗读时，读升调时手往上提；读降调时手往下降；该停的地方，手在空中挥拳。

（3）贯彻直观性原则的注意事项

①直观手段的选用要符合教学的目的要求和特点。

②直观教具的选用要符合幼儿的年龄特征和认识水平。

③运用直观手段，要与教师适当的讲解相配合。

④要重视运用语言的直观性。

⑤教师要合理考虑使用直观教具的数量、时间和地点。

2. 趣味性原则

趣味性原则就是“寓教于乐”。幼儿时期，无意注意、无意记忆占优势，他们的学习更容易受兴趣支配。兴趣的产生主要来自外界环境，受好奇心、好动的心理支配。幼儿的年龄越小，活动越缺乏目的性，他们不会因为应该做什么、应该怎样做而规范自身的行为，注意力不能长时间集中，不会做出种种意志上的努力，各种活动几乎完全凭借外界的积极刺激。所以，只有教学活动的内容、形式、方法符合幼儿的心理特点，幼儿才会感兴趣，才能唤起学习的主动性和积极性。这就要求教师在设计教学活动乃至实施活动时必须注重满足幼儿的兴趣需要，让幼儿在整个活动过程中保持较持久的注意力，身心处于活跃状态，这样他们的内在潜能才能得到充分发挥。在教学过程中的各个环节，教师都要做到张弛有度、劳逸结合，保护和激发幼儿的学习兴趣，使幼儿在愉快的气氛中，带着喜悦的情绪，全身心地投入学习活动中去获取知识和技能。

增强幼儿英语学习兴趣主要有以下方法。

(1) 有趣的内容

幼儿英语教学应与幼儿的日常生活和游戏活动结合起来。学习的内容必须是幼儿感兴趣的、熟悉的，也就是说，在选择主题、角色的时候，趣味性要强一些，例如画画、过家家、吃冷饮、串门等。

(2) 有趣的环境

①语言环境

教师要创设良好的英语环境，初步引起幼儿学习英语的兴趣和愿望。教师可以有意识地、经常地给幼儿播放英语小故事、歌曲、诗歌等，让幼儿观看英语动画片、翻阅英语图画书等。

②物质环境

物质环境对培养幼儿对英语的兴趣极为重要。在组织活动前，教师可根据教学内容，制作一些有特色的头饰、玩具，设置一个别出心裁的场景，这些都能较好地激发幼儿的兴趣，调动他们的积极性。

③精神环境

在英语教学过程中，不能仅仅局限于单调的听、说，可采用多种体裁的内容、形式，如将念儿歌、讲故事、唱歌、做游戏、绘画等活动融合在一起，做到说中有玩、玩中有唱、唱中有画、画中有说，丰富英语教学中的趣味内容，以引发幼儿学英语的浓厚兴趣。

(3) 有趣的形式

①故事法

爱听故事是孩子的天性。教师可以根据需要使整个教学活动以讲故事的形式贯穿始终，让幼儿扮演故事中的人物，听完故事后还要让他们用英语进行表演。

②游戏法

游戏是幼儿英语教育活动的重要方法，不仅可以帮助幼儿集中注意力、提高记忆效果，培养幼儿对活动的情感态度，而且还可以活跃课堂气氛。教师应根据不同的游戏活动和规则，促进幼儿的理解力、观察力、团队意识、规则意识等的提高。

③表演法

幼儿有较强的表现欲望。用英语表演小短剧，不仅可以培养幼儿勇敢、大方、自信、进取的优秀性格品质，而且对教育内容容易记、记得牢。

④说唱法

旋律对于幼儿有极大的吸引力。教师可让幼儿先听，然后再根据歌词即兴表演。歌曲在教学中就是调味剂，可以使课堂教学气氛活跃，提高幼儿的学习兴趣，获得并巩固所学的语言形式，加深听力理解，激发幼儿的成就感，能够收到事半功倍的效果。

（4）有趣的教具

要善于利用有趣的辅助教具资源，如图片、投影、头饰、面具、手偶、磁带、录像等。幼儿靠纪律的约束来完成一节课的学习还有些困难，他们对于新鲜的、有趣的事物比较容易接受，也比较愿意学。

另外，教师还要注意趣味性原则在细节中的运用与发挥，否则容易造成大的失误。对于趣味性原则的运用，教师要善于观察，注意时时发掘，适时采用，使每个教育环节都充满趣味，让幼儿轻轻松松地学好英语。

3. 交际性原则

语言的交际性是语言最本质的功能。交际性教学的核心问题就是处理好语言形式、意义和功能之间的关系，围绕由语言形式所表述的内容和功能来组织活动。听说活动是幼儿英语学习活动的基本形式，其精髓在于创造机会以使幼儿获得最大量的口语实践，通过多听多说多练，逐步熟练掌握语言，形成语感。

（1）创设真实交际情景

情景的创设必须紧密结合教学材料，将以材料为中心的练习活动转化为以生活为中心的练习活动，教师应尽可能地提供实物，或使用教室内的物景，例如，通过摆设桌凳，加上辅助教具等设置各种场景，如商店、邮局、饭店、医院、街道、校园等，把问题情景、思维情景和活动情景有机交融起来，扩大幼儿的思维和交际时空，把幼儿获得的语言能力融入不同的语言环境中加以运用，最终达到语言为交际服务的目的。

如教授“颜色”（colours）时，教师问幼儿“Lily，could you give me the yellow crayon? I want to draw a lovely duck.”Lily 高兴地挑出自己黄色油画棒来递给教师，教师鼓励道：“You are so clever! You got it. Thank you!”教师将自己融入真实情景中，建立平等的师生关系，尊重幼儿的人格，可以激发幼儿的交际欲望。

（2）实现活动过程交际化

教师要努力激活整个活动过程，把交际活动贯穿于每一个教学活动之中，通过设计种种情景，开展丰富多彩的交际活动，便于幼儿边学边练，学用结合，使所学语言知识能够在运用中获得巩固和提高。在活动中，要把教师的主导作用和幼儿的学习主动性有机结合起来，在一种健康、良好、轻松向上的心理状态中进行交际，让幼儿亲自去经历交际和实现交际本领。

4. 重复性原则

儿童的感觉、思维、智力、思想的最初发展需要的时间比较多，而且需要多次反复。蒙台梭利说："如果反复进行练习，就会完善儿童的心理感觉过程。""反复练习是儿童的智力体操。"同样，幼儿在英语学习中，需要有相当数量的听说实践量，教师应注意语言项目的反复循环，要给孩子反复听的机会，如，每天坚持听英语，反复唱同一首歌，做同一种游戏，遵循理解、模仿、训练、交际的重复顺序。

二、跨文化交际肢体语言运用在幼儿习得英语中的作用

在外语教学中，肢体语言可以帮助教师更加准确地表达和修饰某种语言信息，使学生能有效地理解这一信息及其含义。幼儿习得英语主要是靠模仿和重复，教师在幼儿英语教学中恰当地使用肢体语言会加深幼儿对所学词汇的兴趣和理解，并使幼儿主动去模仿老师所讲的词句，从而帮助幼儿轻松地习得英语。

在跨文化交际中肢体语言是指交谈者在谈话时通过肢体动作、身体姿势、面部表情和手势等向对方传达某种语言信号，从而使有声语言得以重复、补充、替代和调整，进而促进双方自然地交流和沟通。因为肢体语言的重要功能和作用，有学者提出把肢体语言引入外语教学的方法中，并且对此进行了深入的研究。近几年来，幼儿英语教学受到社会和幼儿教育机构的广泛关注，就连许多商业机构也把商机瞄准在了幼儿英语学习上。之前的研究大多是针对大学生和中学生的外语教学和习得而进行的，目前还没有学者把肢体语言与幼儿英语教学联系起来，因此缺乏这方面的理论指导。幼儿在英语习得过程中是否能有效地理解英语词句、是否能接受非母语的说话方式以及是否能区分母语和非母语的不同表达等，这都需要一种行之有效的教学方法。下文从肢体语言在交际中的功能作用、肢体语言在外语教学中的作用以及肢体语言对幼儿英语教学的意义等方面，力图初步探讨肢体语言对促进幼儿英语习得的作用，为幼儿英语的教学和习得提供适当的参考。

（一）肢体语言的功能作用

在交际中，语言不是唯一的交流方式，它往往是伴随着非语言形式进行的，而非语言通常比语言本身重要得多。在非语言形式中，肢体语言的应用较为广泛，来自不同文化背景的人们尽管语言不通但仍然能够交流，其主要原因就是人们在跨文化交际中能应用肢体语言来弥补语言上的不足。语言被认为是交际中最直接的表达思想的方式，然而我们知道语言并不总是准确、恰当的。在某些情况下，由于某种自然原因或情感因素导致交谈者无

法用语言或是无法用适当的语言来表达思想时，就可以通过做出与思想一致的表情或者手势，使对方领会你的思想和用意，如，一个无声的哈欠让对方知道你身体的疲惫，需要休息，或者对方认为你对他的谈话表现出不耐烦。

肢体语言传递的信息包括交谈者对交际环境、交际对象的态度，交谈者的情感状态以及交谈者对谈话进程的掌控欲望等方面。尽管谈话者本身不愿意承认，但是肢体语言所传递的信息通常都是真实的。在跨文化交际中，肢体语言被认为有重复、补充、替代、调整等作用，肢体语言的运用也反映出交际双方的文化背景、国别和民族、社会地位、职业以及受教育的程度等信息。不同的文化背景赋予了肢体语言不同的含义和作用，因此了解不同文化中的肢体语言符号对跨文化交际起着重要的作用。

（二）肢体语言在外语教学中的作用

第二语言的习得通常有两种途径：一种是在自然语境中的自然习得；另一种则是在非自然语境中通过语言刺激、媒介引导和课堂教学等方式来习得，其中以课堂教学的方式最为普遍。著名学者叶定国说过："外语教学是一个跨语言、文化进行思想和情感交流的过程，外语教学的目的之一就是培养学生的语言和文化交际能力。"受传统应试教育的影响，长期以来，我国的外语教学偏重于语法和阅读练习，却忽略了实用交际的学习和训练。而在专业的外语学习、教学中，虽然重视了语言交际能力的学习和训练，却对非语言交际的运用重视不足，这就是许多优秀的大学生在跨文化交际中羞于开口或者在交际中出现无法沟通的深层次原因。尽管现在很多学生的外语交际水平较之以前有了大幅度的提高，但主要体现在普通交际场合的听说能力，在不了解跨文化交际中肢体语言运用的情况下，学生对于肢体语言等非语言交际中的深层次含义理解得不够透彻，在交际中会出现无法正常沟通的问题。因此，在外语教学中，师生首先应清楚"语言是交际的工具"这一事实，知道学习一门外语除了掌握语言的正确发音、掌握大量的词汇和运用以外，更重要的是要了解肢体语言在这门外语中的文化含义和运用。

在外语教学中，通过使用肢体语言，教师可以清楚地表达词汇的含义、向学生传递某种情绪或指令信号，并有效地调节和掌控师生间的交流。而学生也能够从教师的肢体语言中领会教师所用词汇的深层次含义，准确理解教师发出的指令信号，并且学会在这门外语的应用中使用类似的肢体语言。在这种情况下，教师恰当地使用肢体语言来解释或重复自己的目的语，就会很容易使学生理解自己的用语，从而与之进行有效的互动。

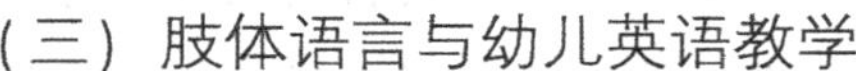

（三）肢体语言与幼儿英语教学

意大利幼儿教育学家蒙台梭利认为 0~6 岁是儿童语言发展的敏感期。在这一时期儿童的语言发展最为迅速，他们对语言的吸收性也最强。儿童在 3 岁左右语言词汇量会有爆炸性发展，能够掌握和使用 1000 个以上的词汇。这个阶段的儿童已经能够使用完整的句子来表达想法，并且与他人交流。在这段时间内，语言的习得最为容易，而超过这段时间，语言的习得能力就会受到限制。研究表明，3 岁以后的儿童在正常情况下完全可以学习和使用两种语言，因此，无论是儿童家长还是幼儿教育机构都应该重视儿童在这一时期内语言能力的培养和训练。

儿童的母语发展主要是在自然的语境中进行的，经过语言文化的熏陶以及对语言的重复、模仿和强化而习得。跟母语的习得途径不同的是，非母语（外语）的习得是在非自然语境中进行的，加上文化背景的不同，儿童在外语的习得中往往缺乏自主性和连贯性。因为幼儿外语的教学主要是在课堂上进行的，课堂之外，外语得不到系统的辅导和练习，就会造成外语使用的间断。在很多时候，对外语词汇的不理解或者不准确的领会，造成孩子对外语学习产生畏难情绪或排斥心理，在这种情况下，孩子就会对外语学习失去兴趣和动力。因此，教师在进行外语教学的过程中，需要注意使用丰富生动的肢体语言来解释教学中所使用的目的语，丰富目的语的含义并使之生动形象地得以表达，以强化幼儿对外语词汇的认识和理解，从而使幼儿在轻松、有趣的过程中逐步地习得外语。

随着英语的全民化学习和使用，幼儿英语教学在幼儿教育领域快速兴起和发展。由于幼儿习得语言的特殊性，幼儿英语教师在英语教学中绝不可忽视肢体语言的学习和使用，既要熟知英语中各种肢体语言的含义，又要向幼儿介绍这些非语言行为的使用，使幼儿在发展英语语言能力的同时也学会使用肢体语言。肢体语言在幼儿英语教学中的使用有以下几个方面的作用。

1. 集中幼儿注意力

幼儿活泼好动的天性使得他们常常在课堂上表现出相互打闹、讲话、做小动作、容易受别的因素干扰等，幼儿能集中注意听讲的时间不超过 10 分钟。为了引起幼儿的注意，教师如果只是使用有声语言，那么他就得时不时地停下教学进程，甚至需要重复使用目的语来引导孩子集中注意力，如此一来，教学效果就会受到影响。但是，如果教师在每次上课开始的时候都摆出一个象征上课的姿势，同时用目光与幼儿接触或是用面部表情向幼儿示意。孩子就会知道老师要上课了，自己需要放下手中的玩具、停下正在做的游戏而参与到老师的英语教学中。在孩子的注意力分散时，教师只需使用一个责备的眼神示意孩子或者转移位置使自己处在孩子的视线当中，就会把孩子的注意力重新吸引过来。如果眼神的示意和身体的移动都不能起到作用时，教师就可以直接走到幼儿身旁，用讲课的声音来使孩子注意到自己或者用肢体的触碰示意孩子集中注意力。对于幼儿的出色表现，教师更可以用表示赞赏的眼神示意孩子表现得很棒，或者用手势来表示对孩子的肯定。

2. 解释、强化和丰富教师的语言

教师在教学中使用新的英语词汇时，使用肢体动作来解释词汇比使用母语来解释更能直观、形象地向幼儿传递词汇信息，使幼儿做好在直观的信息表达中，加深对英语词汇的理解和记忆，并且对英语学习产生浓厚的兴趣。例如，教师在教“gift”一词时，可以把自己装扮成圣诞老人的模样，用一个布袋装满各种小礼物，每向一个孩子发放礼物时，用英语读出单词的发音，从教师的行为中，孩子就会知道“gift”的中文含义。教师通过身体的这一行为动作就向幼儿强化了单词的发音和含义，介绍了圣诞节的风俗习惯，教师还可以加入一些与之相关的英语词汇，从而加深幼儿对“gift”和与圣诞节相关的词汇、文化等的印象。

3. 掌控课堂教学进程

教师一旦开始课堂教学，就要通过使用肢体行为向幼儿传递信息。为了使幼儿做好准备参与到教师的教学中，在教学过程中，教师要使用夸张的嘴形强化某个英语词汇的发音，或是在发音时稍有停顿或延长。随着课程的进展，根据话题和教学内容的变化，教师要用身体姿势或手势向幼儿示意教学进程的变化，并且通过这种肢体语言邀请幼儿参与到自己设计的语言活动和情境练习中。

在教师使用肢体语言的同时，幼儿也接收到了肢体语言所传递的信息。在幼儿英语教学中，教师通过使用肢体语言能够更生动地表达目的语，吸引幼儿的注意，强化幼儿对英语的学习和记忆，从而帮助幼儿更加轻松地习得英语。然而在教学中，师生距离的远近、教师肢体动作的尺度、教师肢体语言传递信息的准确度决定着幼儿对教学内容的理解程度，错误的肢体语言应用或者不准确的表达会使幼儿错误地理解教师所使用的词汇，增加幼儿学习英语的难度，进而影响幼儿对英语的习得。

第二节　小学英语教学中的文化交流

教学文化是一种基于教学环境和教学文本的精神文化、活动文化和关系文化，因此在

教学中交流文化的重要性日益凸显。在语言教学中，文化的内容几乎占据了半壁江山，在教学中交流文化的重要性与日俱增。

语言不仅仅是一套符号系统，人们的言语表现形式更要受语言赖以存在的社会/社团（community）的习俗、生活方式、行为方式、价值观念、思维方式、宗教信仰、民族心理和性格等的制约和影响（参见胡文仲《文化与交际》，1994）。英语国家的文化是使用英语的各民族在生活和劳动中创造出来的，并且与使用英语的各民族特定的历史文化、生活、风俗习惯有着密切的关系。

一、小学英语教学中文化交流的目标

对小学生来讲，一种新颖独特、具有创新意识的文化能够提供给他们一种新的学习氛围。通过日常教学使学生了解英语国家的文化背景和社会风貌等，是英语课特有的一个知识层面。因此，在小学英语教学中恰当注入文化教育往往能帮助学生了解文化，拓展学生知识面，提高学生的学习兴趣。

小学英语教学中文化交流的目标具体如下。

（1）知道英语中最简单的称谓语、问候语和告别语。

（2）对一般的赞扬、请求等作出适当的反应。

（3）知道国际上最重要的文娱和体育活动。

（4）知道英语国家中最常见的饮料和食品名称。

（5）知道主要英语国家的首都和国旗。

（6）了解世界上主要国家的重要标志物。

（7）了解英语国家中最重要的节假日。

根据以上教学目标，结合学生实际情况，在小学英语教学实践中进行尝试文化教育，能够加强学生在语言学习过程中的文化理念培养。

二、小学英语教学中文化交流的方式

（一）在词汇教学中交流文化意识

词汇是语言中最活跃的组成部分，也是文化最基本的体现。所以在平时教学中应注意介绍英语词汇的文化意义。了解一些这方面的文化知识，有助于对英语词语的理解。英语词汇在长期的使用中积累了丰富的文化意义，所以在教学中，我们要注重对英语词汇的文化意义的介绍，以防学生单纯从词汇本身做主观评价。

在小学英语教学过程中难免会遇到一些具有特殊意义的词汇，它们具有固定的文化背景，我们应对此给予高度关注，随时加以介绍，使学生达到真正掌握英语的目的。教材中就有很多与文化有关的词汇可挖掘。英汉语之间文化的这种差异现象在课堂上是司空见惯的。把握住这些词汇的文化含义，较自如地进行课堂教学则能使课堂变得生动活泼，给枯燥的“灌输课堂”注入新颖的语言运用课的内容，从而能激发起学生学习英语的兴趣。

（二）在句型教学中加强文化意识培养

在交际练习和活动中，言语表达及行为要符合文化规范，这也是小学英语教学中文化意识培养的一个目标。所以，在实际的小学英语教学实践中，尤其是在一些英语句子和特定短语的教学中，文化积淀在语言中有更明显的体现。

如，学生向老师问候说：“Good morning，teacher!”（老师，早上好！）。在英美国家里，从早起到中午都可以说：“Good morning”，有时告别时也可以用；而在汉语里只能在早起到上午九时左右说“您早”，告别时不能说“您早”。PEP 教材中有许多涉及文化差异的日常交际用语和习惯表达方式，教师可以将它们和英语文化背景及中西方之间的文化差异联系在一起讲，这样，学生不再受中国式思维限制，而是能够讲一口地道的英语。

若当他人询问你是否想要吃点或喝点什么时（Would you like some bread/milk to eat/drink）我们通常习惯于客气一番，回答“不用了”“别麻烦了”等。但按照英美国家的习惯，则更倾向于直接表达内心的真实想法，你若想要，就不必推辞，说声“Yes, please. /Thank you.”若不想要，只要说“No，thanks.”就行了。这些就充分体现了中国人含蓄和英美国家人们直率的不同文化。帮助学生深刻了解英语国家文化背景知识和信息，提高学生的语言交际能力，使他们不至于因为对目的语文化缺乏了解而造成交际失误，产生不良影响。如介绍英语国家日常交际用语方面的问候、称呼、道别、致谢、建议等，可以将英国人和中国人寒暄问候的话和称呼等进行比较，以方便学生了解中西差异。

（三）在情感教育中结合文化意识

学生只有对自己的祖国及其文化抱有炽热的态度、对英语学习积极投入，英语学习的动力才能得以保持，也就能取得好的成绩。教师在英语教学中有意识地把感情教育与文化意识培养结合起来，对学生感兴趣的英美传统、文化习俗进行讲述。充分利用一切可用的教学手段，创造一个文化语言环境，能使学生自觉或不自觉地感受异国的文化氛围，从这个侧面激发他们英语学习的热情。

在教学中设置一些西方独特的节日如 Halloween、Easter 内容时，教师事先让学生搜寻英美国家有关节日文化、习俗等方面的资料，然后在教学过程中，让学生先介绍一下与节日有关的背景知识，如节日的来历、节日的吉祥物以及与节日有关的一些活动等。学生在相互交流过程中，不仅了解了各方面的文化内容，并且有了情感体验。在整个教学过程中，学生的学习欲望和参与精神空前高涨，比如，能积极与同伴用英语交流，交换礼物、与“巫婆”聊天等。这样，从收集资料到课堂情景教学的整个过程中，不仅使学生用真实的情感体验西方的节日文化，还极大地激发了学生学习的主动性和积极性，将学习的激情带出课堂、带出学校、活学活用。

这样富有情趣的真实观察，有利于学生体验和感受英语国家的文化，排除民族文化差异的偏见，培养尊重他人民族习惯的意识，以实现语言、情感上的沟通。此外，还可以组织英语角、英语知识讲座、英语晚会等。学生因为尝试以上提供的方法一定会受益匪浅。

（四）其他

英语教学中的文化交流会让课堂充满无数的“未知数”与取之不尽、用之不竭的“神秘感”。此外，笔者在实践中较多地认识到以下一些妙处。

第一，教师若能安排学生在课外搜集与教材相关的文化背景知识，让学生多了解自己感兴趣的西方风土人情、文化习俗和生活特点等。在课间交流、探讨时“资源共享”，这就必然促使学生在轻松愉悦的环境中既学会语言、掌握语言技能，又拓宽视野，提高对中西方文化异同的敏感性和鉴别能力，进而提高文化交际能力。

第二，教师在导入文化内容前一定要仔细甄别，要符合学生的年龄特点和认知水平。由于小学生认知水平有限、成长经历比较单纯，教学中导入的文化内容更要进行“加工”和斟酌，要浅显易懂、健康向上，这是底线。

第三，教师要胸有成竹、游刃有余地抓准英汉语的不同点，将英语的自身特点展现得淋漓尽致。如果对英汉语言差异知之甚少而不能很好地排除汉语的干扰把英语独立出来；或者不能看透语言的相通性而把英语搞成另外一套语言系统，这势必会造成英语教学模式化、简单化。

总之，文化教学跟语言教学一样，没有定法可言，但英语教师若能不仅注意语言教学，而且加强语言的文化导入力度，重视语言文化差异及其对语言的影响，相信英语教学会达到更高更新的境界，也只有这样学生才能学到“真正的英语”。

任何语言的学习都不能脱离文化的学习，“文化意识”的培养已是英语教学中不可缺少的一部分。国家《英语课程标准》也明确指出，“文化意识”是综合运用语言能力的一个重要组成部分，是得体地运用语言的保证。因此，教师在进行英语教学的过程中，应注重对英语文化的交流。

三、小学英语教学中文化交流的方法

如何提高孩子学习英语的兴趣，使孩子对英语学习充满热情，保证英语课堂高质量地完成教学目标，确保学生有效吸收课堂英语教学知识，需要落实以下方法。

（一）比较法

此法即在教学中通过比较汉语和目标语之间的文化异同，从而更好地了解和认识目标语文化。这种方法特别有利于加深学生对英语文化的理解，培养他们的英语文化意识。如在教学句型“Where are you from?”时，教师通过板书“I'm from Pudong，Shanghai，China.”使学生了解地名的英语表达顺序是从小到大，而汉语则是按照从大到小。比较法可以让学生直观地了解汉语和英语两种语言表达方式的不同，从而使他们在交际中正确灵活地运用语言。

（二）讲解法

即对教材中涉及的文化特异性的内容加以讲解，否则，学生们理解起来有困难。凡是会引起学生理解偏差的内容，教师使用讲解法就比较适合。

（三）融入法

即直接把英语国家的文化内容作为语言教学材料，或把英语国家文化中具有特异性的内容直接编成教材以开设新的课程，比如，可以专门介绍英语国家的习俗、历史、风土人情等。

（四）体验法

也就是让学生们多多参加英语学习实践，从中了解英语国家的文化。这些实践活动包括看电影、看录像和阅读英语文学作品等。

四、小学英语教学中文化交流的原则

（一）实用性原则

小学生普遍年龄较小，他们对事物的认知有限，教师导入的文化内容应与学生所学的语言内容密切相关，应贴近学生的日常生活，导入形式也应符合学生的特点，这样就能激发学生学习英语文化的兴趣。在小学阶段激发了兴趣，才能为以后的学习打好基础。

（二）阶段性原则

小学时期，学生的智力尚未发展到最高水平，因此，教师在进行文化交流的过程中，应按照由浅入深和循序渐进的原则。例如，对于小学三年级的学生，在教完颜色这一类词汇后，为活跃课堂气氛，提高学生了解英语文化的兴趣，教师可以简单介绍中西方给颜色词汇赋予的不同含义，补充简单的关于颜色的习语和成语。但是，教师若交流更多更难的词组，这就不仅不能达到活跃课堂气氛的目的，还会给学生造成过重的负担，甚至会降低学生的学习兴趣。

（三）针对性原则

在英语教学中，想要交流文化，一定要有针对性，避免过多、过杂，教师要结合课堂教学内容对相关的英语文化进行介绍，不应过多地涉及其他内容。如在介绍圣诞节时，教师应集中介绍西方圣诞节的来历和习俗等，不应该导入复活节的来历和习俗等，这样多而杂的导入会混淆孩子视听，反而达不到预期的效果。

五、语言教学与文化交流的关系

语言教学与文化交流并重是非常必要的，这样的教学模式能帮助学生克服中国式英语的障碍。在小学生学习英语的初始阶段，教师在课堂中应将语言与文化有机地结合起来，并按照科学的方法和原则进行文化交流，加深学生对英语国家文化的了解，培养他们对异国文化的正确态度，进一步提高他们学习英语的兴趣。毕竟兴趣才是孩子最好的老师。

首先，文化意识的增强有助于语言的学习。毋庸置疑，文化与语言是密不可分的。文化衍生出了语言；语言又进行反作用，成为文化的载体；文化对语言的发展又起着制约作用。因此，学习一种语言，就必须了解这种语言的文化，追求更地道的表述，否则就会出现因文化不通而产生的矛盾。

其次，了解文化是得体运用语言的前提条件。基础教育阶段英语课程的总体目标是培养学生的综合语言运用能力，而综合语言运用能力的形成又建立在学生语言技能、语言知识、情感态度、学习策略和文化意识等素养整体发展的基础上。而“文化意识是得体运用语言的保证”。只有在了解了英语国家的风俗习俗、生活方式、道德标准等多方面的内容，了解了英语运用的文化背景以后，学生才能更得体地学以致用。

再次，能够促进小学生对本国文化的了解。作为中国人，不论何时何地，都应该把自己的祖国放在心中。只有学好了自己本国的语言，了解了本国的文化，才能更好地理解外国的文化，才能更好地运用外语。因此，在学习外语文化中，我们应该自觉将我国文化与英语国家的文化进行对比，了解中西文化的异同，加深对中外文化的理解，培养语言学习的文化意识，逐步让学生形成跨文化意识。只有对双方的文化都有所了解，才不会在语言的学习中有心态的迷失。

最后，现在我们处于开放的信息社会，让学生提高跨文化意识的举措势在必行。随着网络信息技术的实质性飞速发展，世界各国经济文化的频繁交流，要培养适合 21 世纪的新型人才，对学生跨文化意识的培养已经迫在眉睫，我们的教育目的就是培养出适应现代社会的实用型人才，所以提高跨文化意识十分必要。

六、小学英语教学中文化差异示例

下面，我们将谈一下小学英语教学中文化差异特征明显的几个方面的内容。

（一）打招呼

我们都知道，中国人日常见面，寒暄时习惯问：“你吃饭了吗”（Have you had your dinner?）如果你跟英语国家的人这样说，他们心中就会“窃喜”，认为你是想请他们吃饭。这就很容易造成误解。在英语国家，人们打招呼通常以天气、健康状况、交通、体育以及兴趣爱好为话题，他们不习惯问一些私事，中国人的一些客套话在他们看来是无意义甚至是不礼貌的。

（二）称呼语

在中国，我们有着泾渭分明的称谓语，有着严格划分的辈分。但在英语中，亲属称谓并不广泛地用于社交。如果我们对母语是英语的长辈称“Uncle Smith”“Auntie Brown”，对方听了会觉得不太顺耳。英语文化中只有关系十分密切的情况下才使用此类亲属称谓且后面不带姓，只带名，如“Uncle Tom”“Aunt Lucy”等。汉语中的亲属称谓有泛化使用的倾向，常用于非亲属之间：年轻人对长辈称“叔叔”“阿姨”，对平辈称“大哥”“大姐”。由于这种文化上的差异，造成学生简单理解是：王老师=Teacher Wang。而英语中teacher只是一种职业；汉语有尊师的传统，“教师”已不仅仅是一种职业，而成为一种对人的尊称。此外，把汉语中习惯上称呼的“唐秘书”“张护士”称为“Secretary Wang”“Nurse Zhang”，英语国家的人听起来感觉不可思议。英语中称呼人一般用“Mr.”“Miss.”“Mrs.”等，大多数情况下，熟人都直呼其名，在他们看来这样才是一种亲密的象征。

（三）介绍

我们小学英语学习起步时就学会了“What's your name?”这句话是问别人的姓名，但对于它在何种情况下使用却鲜有解释。实际上，英语国家的人在谈话时一般先介绍自己的名字，如“I am…”对方自然会即刻说出自己的姓名。即使在填写表格、面谈等场合需要问及姓名时，一般也只说“Your name, please?”或“May I know your name?”如果使用“What's your name?”，他们将有一种被审问的感觉，这一点也体现出我们的教材编写风格比较生硬，有待提高。

（四）隐私

中国人初次见面都十分喜欢问一些非常细化的问题，比如类似于年龄、婚姻、收入等，中国人认为问这些问题是出于关心，而英语国家的人却对此比较反感，认为这些都涉及个人隐私。英语国家的人都希望自己在对方眼中显得精力充沛，青春永驻，对自己实际年龄秘而不宣，女性更是如此。再如中国人表示关心的“你去哪儿?”（Where are you going?）和“你在干什么?”（What are you doing?）在英语中就成为刺探别人隐私、审问监视别人的话语而不受欢迎。英语国家的人思想虽开放，但对自己的隐私却保护得非常好。

（五）赞美

在英语国家，赞美是十分常见的交谈的开端。赞美的内容主要有个人的外貌、外表、新买的东西、个人财物、个人在某方面的出色的工作等。通常称赞别人的外表时只称赞她努力（打扮）的结果，而不是她的天生丽质。因此赞美别人发型的很多，赞美别人发质好的很少。对别人的赞美，最普通的回答是：“Thank you.”如，A：Your skirt looks nice. B：

Thank you.

（六）感谢和答谢

一般来说，中国人在家庭成员或很熟的人之间很少用“谢谢”。我们觉得用了谢谢，听起来会很怪，甚至说明我们的关系疏远了。而在英语国家“Thank you”几乎用于一切场合，所有人之间，即使父母与子女、兄弟姐妹之间也不例外。送上一瓶饮料，准备一桌美餐，对方都会说一声“Thank you”。公共场合，不管别人帮你什么忙，你都要道一声“Thank you”。这是最起码的礼节，他们认为最亲密的人之间也要有最起码的礼仪。

（七）节日

中国和英语国家的文化差异在节日方面也有明显的体现。中国和英语国家也有共同的节日（如 New Year's Day），虽然在时间及习俗上很不一样，但目的都是迎接新年。在节日里，对于别人送来的礼物，中国人和英语国家的人也表现出不同的态度。中国人往往要推辞一番，表现得无可奈何地接受，接受后一般也不当面打开。如果当面打开并喜形于色，可能招致“贪财”的嫌疑。而在英语文化中，人们对别人送的礼品，一般都要当面打开称赞一番，并且欣然道谢，这样才显得对别人的心意足够重视，送礼人也会为你的开心而开心。

（八）词汇的文化内涵

尽管相比于中文的博大精深，英语显得更通俗一点，但英语词汇在长期使用中也积累了丰富的文化内涵，所以，在教学中要注意对英语词汇的文化意义的介绍，以防学生单纯从词汇本身做出主观评价。又如“狗”这个词在汉英两种语言里的表义都是一样的，但中国人常用“狗眼看人”“狼心狗肺”之类贬义词语，而英语中“a lucky dog”（幸运儿）习语却表明狗在英语国家的身价百倍。透过同一个词的不同联想意义，就能窥见两个民族各自的心态和习惯。而在翻译时我们也要避免错用词语，不要单地把我们认为美好的词，不加了解地翻译到英文中。

七、小学英语教学中如何提高小学生的跨文化意识

上面说了这么多在跨文化学习时要注意的事项，接下来我们要对小学英语教学中如何提高小学生的跨文化意识进行研究探讨。

（一）充分合理地运用教材

这是什么意思呢？就是说，我们学习时当然脱离不开教材，但也不能完全依赖教材。教师一定要在日常英语教学过程中适当介绍外国文化。好的教材是根据学生的年龄特征编写的，是符合学生的学习规律的，对日常教学内容有一定的导向和限制作用。教师应当在日常教学中，针对不同的教学内容，适当介绍外国文化，但不要不顾学生的年龄和接受程度去介绍超纲的内容。

1. 在语言知识的传授中介绍外国文化

如在教 Relationships 一课中的 uncle，aunt 和 cousin 时，就可以引导学生理解：一个英语单词 uncle 就包括了汉语的叔伯、舅、姑（姨）父等，一个 cousin 就囊括了汉语的堂兄弟（姐妹）、表兄弟（姐妹）等，由此就可以总结出英语在称呼习惯上简洁明了的特点。

2. 在语言技能的培养中介绍外国文化

语言技能包括听、说、读、写四大方面，也是学生语言交际能力的重要体现。《英语课程标准》中对学生的语言技能目标做了九级分阶段要求，并对各级目标以学生“能做什么”的形式进行了具体描述。教师可以在培养学生的具体语言技能时适当介绍外国文化。如在演唱时，了解常见的英语儿歌。在进行模拟表演时，了解英语国家的人们见面时的招呼语是：Hello. How are you？Good morning. 等；英国人见面常见的话题是天气，而不是像国人那样见面时喜欢问：“Have you eaten？（你吃了吗？）”。同时也了解在英语国家，年龄、婚姻状况等是隐私，特别是对女士是不能随便问及这些问题的，否则会被视为没礼貌的表现，甚至是冒犯的行为。在商店、邮局、餐厅等服务场所，服务人员对顾客的招呼是：Can I help you？还有，在阅读与写作的过程中，要了解外国人在称呼与日期的不同表达方法等。

（二）利用重要的节假日及其特殊的情景，让学生真实直观地感受外国文化

“Learning about the culture of another country is the highest purpose of language teaching.”（1904 Jespersen），这句话的意思是语言教学的最高境界就是对于该国文化的学习。而最能代表文化、最能反映民族习惯的是各种节日和庆典；因此，英语国家的节日正是口语教学中重要的一部分内容。

（三）提高对中外文化差异的敏感性和鉴别力，在包容兼收的基础上增强爱国主义精神和国际意识

学习外国的文化，不是完全照搬、抄袭外国文化，更不是全盘肯定异国文化，不是摈弃自己国家的文化；当然也不是自我感觉良好或是妄自尊大而排斥外国的文化。学习外国文化是强调在语言学习的同时了解英语国家文化与本民族文化的差异，在尊重他国文化的同时进一步理解本民族的文化，提高对中外文化差异的敏感性和鉴别力，增强爱国主义精神和国际意识，树立正确的价值观，提高文化素养。世界上任何一种文化都是平等的，都有各自的辉煌和灿烂。所以，英语语言和英语文化就像一座中外沟通的桥梁，英语学习是传播我国悠久文化传统的好时机和好方式。

例如，“春节”（Spring Festival）是中华民族盛大隆重的节日，集中反映了我们的民族心理和非常古老的传统，凝结了民族的希望和生生不息的顽强精神。这就是一个非常好的题材，我们可以通过对春节的介绍，让外国人全面了解我们的节日文化，知道我们文化中的精粹。

Teacher：“How do Chinese celebrate the Spring Festival?”（我们中国人是怎样过春节的?）

Student：“Make dumplings.”（包饺子。）

“Stay up late or all night on New Year's Eve.”（大年夜守岁。）

“Visit relatives and friends.”（拜年访亲拜友）

“Give children lucky money.”（给压岁钱）

“Put on the good luck signs.”（贴春联）

“Play the firecrackers.”（放鞭炮）

“Clean the house and wear new clothes.”（打扫卫生，穿新衣服。）

“Welcome God of Money.”（迎财神。）

在教学中，我们可以让学生试着用英语表达以上内容，还可以让学生学到一些传统的祝福语。例如：

Treasures fill the home, Business flourishes, Peace all year round, Wishing you prosperity, Harmony brings wealth, May all your wishes come true, Everything goes well, The country flourishes and people live in peace, Money and treasures will be plentiful, Wishing you every success, Promoting to a higher position, Safe trip wherever…

（四）正确引导学生通过网络资源、途径，了解外国文化

今天，我们的科技迅猛发展，信息传播也越来越快，学生可以通过电视、电脑网络，甚至足不出户，就能感受到外国文化氛围。教师可以引导学生通过网络，了解外国文化。譬如：提供一些网址，让学生查阅某些重要节假日的来历，了解各国人们是如何度过这些节日的等。可以收集一些英语国家的物品和图片，让学生了解外国艺术、历史和风土人情；运用英语电影、电视、幻灯、录像等资料给学生以直观的感受，使学生对英语的实际使用耳濡目染；向学生推荐阅读体现外国文化的简易读本，以增加对英语文化的了解；邀请中外“英语通”作中外文化差异方面的专题报告；组织英语角、英语晚会等，创设形式多样的语言环境，加深对文化知识的实际运用。这些都属于课外实践，开展这些有趣味的实践能有效地引导孩子们自行了解国外文化。

第三节　中学英语教学中的文化交流

从20世纪八九十年代开始，我国中学英语教学就把重点偏向于十分重视语言形式、语法的学习，相对轻视文化在教学中的融入。进入21世纪以来，随着我国对外开放的进一步扩大和全社会外语水平的提高，我国中学英语教学进入新的历史阶段，语言的交际运用能力得到充分重视，英语教学中文化交流等深层次问题日益凸显。近几年新编的中学英语教材中，许多课文以及阅读材料都选自英美国家原始材料，涉及文化因素的语言内容越来越多，这就要求教师努力培养学生的文化习得意识，将文化教学与语言技能培养同步一体推进。因此，一位优秀的中学英语教师，不仅要有足够的语言知识，能够理解和传授语言符号，而且要有足够的西方文化底蕴，能够让学生掌握英美文化的精髓，能够通过文化的交流让学生掌握“活语言”而不是“死语言”。当然，这是新时代、新世界给广大中学英语教师出的新难题，也是对学生适应新的英语学习形势而提出的新挑战。

文化与语言本就是同根相连、两位一体的。说得形象一点，文化与语言是一对“连体儿”，没有脱离文化的语言，也不会有纯粹脱离语言的文化，两者互为形式、互为内容。语言是外壳，文化是实质；语言是文化的载体，文化是语言的内容。从大文化的角度看，语言的形式、语义、语法、语用本身也是文化的重要组成部分。可以说，语言是文化的，文化是语言的。一个国家和民族语言的发展程度，制约着这个国家和民族的文化发展；反

过来，文化的发展程度也对语言发展有着重要影响。所以，这两者是密不可分的。我们在中学英语教学中更应着力体现文化，以弥补小学英语教学的不足，为适应大学英语教学带来的文化冲击做准备。

由此说来，中学英语教师所承载的使命是重大的，教师应更多关注文化实质与内容对语言形式、习得、运用的影响和制约，特别是要着力解决在其他民族文化基础上的语言习得和运用的文化阻抗和克服问题。中华文化与英美文化虽然有许多反映人类文化的共通之处，但在很多方面又存在差异。在中华文化背景下，我们如果不了解英美文化，即使有了相当多的语言听、说、读、写方面的训练，掌握了英语语音、词汇和语法规则，也不可能应用自如地进行英语的理解和表达，因为人们在进行语言交流时都存在一个潜在的前提——共同的文化。没有文化的共性，人们是很难互相交流的，他们往往对互相的行为充满了不理解。

同理，学生如果不了解英语国家的文化，不正视文化差异的存在，就有可能闹笑话，出现语用失误，形成交际障碍。比如，从情感色彩上看，集体主义“collectivism”一词在中华文化中是褒义词，个人主义“individualism”是贬义词。这种情况在西方人眼里却恰恰相反，他们把“individualism”理解为一种赞许，而把“collectivism”理解为一种消极的描述。现在有些西方人也对“collectivism”表示赞同，但与我们不同的是，他们将其理解为通过集体合作达成个体目的，而不是通过个体奉献来实现集体的利益。又如，按照中华民族的习惯和思维，汉语句法惯于意合，根据语义来排列词序，不一定追求形式上的一致性和完整性。而西方人在句法上讲究形合，句子中主谓结构、时态、语态、性、格都要明确，各种搭配规范一致。再比如，中国人到西方人家里做客，主人会问，你喝点什么？中国人出于客气，往往回答“Up to you.”，外国人就觉得很难办，因为他们不知道客人究竟想喝什么。这些都是文化差异导致的互相不理解，如果我们不处理好这些差异，后续的学习中就会出现越来越多的麻烦。

在此，我们要再强调一遍，文化与语言是不可分开的。中学英语教学必须通过教学过程中日积月累的文化渗透，潜移默化地提高学生语用能力。近年来，在中学英语教学中，许多学校已经把对西方文化的掌握、理解和传授看作老师的重要能力，这是十分重要且必要的。有许多学校也在文化教育阶段取得了阶段性的成功。

一、中学英语教学中文化差异示例

下面，我们也举一些文化影响语言运用的例子。某些例子在小学部分有所提及，在中学部分我们会做一些补充与调整。中学生在学习英语时遇到的中西方文化差异可分为以下几类：

（一）日常生活方面

例 1. 在日常生活中我们经常碰到这样的情况：

Your colleague：Hi，I' ve brought an American friend with me. This is John Smith. He comes to China for a visit.

You：How do you do，Mr. Smith?

American friend：How do you do? Please call me John.

在不了解英美文化背景的情况下，仅按照中国人的习惯，我们觉得直接称呼别人的名字不太礼貌。但是，在上述例子中，如果我们之后再接触 John Smith 时还称呼他为 Mr Smith，他可能会很不高兴，认为我们看不起他，不愿意与他交流或交往，或认为我们是故意疏远关系。这是因为在英美人的日常生活中，他们认为直接称呼对方名字是亲近而友好的表示，如果不这样做，就会给双方之间的交往造成障碍。这种原本是好意的尊敬，在文化不通的情况下，往往就生成了隔阂。

例 2. 在吃饭时会出现这样的情况：

Mom：Teddy，This is your milk，here you are.

Teddy：Thanks，Mom.

中国人认为家庭成员之间或者熟悉的亲朋之间，相互帮助是一种义务，不需要说谢谢，说了谢谢反而会显得很客套；而英美人对家人的帮忙也常表示感谢，他们认为没有人对你的帮助是一种义务，要时时怀有感恩之心。

例 3. 英美人在日常生活中十分喜欢证明自己的年轻活力，所以相对的，他们很忌讳提“老”这个字眼，因此无论是报刊文字、政府文件，还是日常口语中，人们都避而不用令人反感的“old”这个词，而以“graying armies，senior citizens，elderly citizens，elderly，aging”等多种表达方式代替，如美国政府就经常使用“the aging”这种表达法。如果我们不了解这种文化背景，与英美人特别是老年人交往时就有可能犯忌。另外，英美国家的人也不喜欢别人打听他们的年龄。

（二）习语方面

例 1. 在一篇阅读材料中有这样一个例子：

"If she chooses your doorway as her place to sleep in the night, it is as morally hard to turn her way as it is a lost dog."

这里的"lost dog"从字面上理解，和中文的"丧家之犬"有些形似。但是，中文中"狗"多用于贬义的语境，如"狗东西""狗拿耗子""猪狗不如"等词汇都具有贬义含义。而在英美文化中"狗"多用于褒义的语境，如"Love me, love my dog.""Every dog has its lucky day.""a lucky dog"等。我们在了解这样的文化背景后再来理解"lost dog"就容易多了。

例 2. 我们常听美国人在演讲中说"I am a family man."，这不是字典中解释的"a man who is fond of home life with his family, especially with a wife and children."的字面含义，而是具有这样的内在含义："我不是胡来的人，我结婚、生儿育女，对社会是负责的。"其引申含义还有"我是一家之主，有妻室家小，生活幸福。这说明我治家有方，我能管好一个家，当然也有能力管好一个城市、一个州，甚至一个国家"。如果不了解这种特定的文化含义，我们在听总统候选人演讲时就难免不知所云。

例 3. "You have matches."

当你双手拿满东西时，遇到一位外国女士，她可能会说：

A lady: You have matches?

You may say: Sorry, I have no matches.

从字面含义看，这位女士的问话非常令人费解，其实她并不是想问你有没有火柴，而是因为她看到你两手都占满，故意开个玩笑，主要是想问你需不需要帮忙。

（三）思维方式方面

例 1. 中国人要外出游玩给大家代买东西时，去买的人一般都会按照人头购买，即便有人客气地说不要，也绝不会少一个人的东西。西方人就不一样了，他们认为如果你说不要就是真的不需要，而不是一种客气的表达。他们觉得是就是，不是就是不是，没必要客套。

例 2. 在语言学院学习中文的一位美国男学生在碰到他的中国女老师时总是说：

"我想你"（I am missing you very much!）

"你真性感!"（You are very sexy!）

"你的两条腿真漂亮!"（You have got two beautiful legs!）

英美国家的人对这些露骨的表达早已习以为常，他们觉得这是完全可以理解的，但在中国文化环境中说出来就会有些问题了，所以这位学生的话常常会使他的中国女老师处于尴尬境地，不知如何回应才好。中国家长认为这是对老师的不尊重，绝不允许孩子对老师、长辈说这样的话。

类似于以上这些反映文化差异的例子比比皆是。正因如此，有的学生虽然语言知识和词汇量都掌握得不错——例如，在一句话中没有不认识的生词和短语，表面意思也能理解，但就是不明白句子的深层意思，这实际上就是缺少对英美文化知识的掌握和理解。学生经常会把中文思维带入，断章取义。

二、中学英语教学中文化交流的基本路径

两种文化的比较教学是文化交流的基本路径。

在中学英语教学中，教师不仅要重视学生语言学习，更必须对他们同步进行文化交流，注重介绍英语词汇的文化意义，从课文中寻求文化知识背景信息，利用直观的教学手段帮助学生体验异国文化氛围。根据中学生英语水平和年级情况，可以从三个层次通过比较中西文化进行文化交流，这也是外语教学中文化知识传授的基本路径。

（一）通过比较日常用语差异进行文化交流

听说过这么一个故事，讲的是清朝时李鸿章在美国的一家中餐店请客吃饭。饭后，美国客人赞美了饭的质量，而李鸿章却只是自谦地说，饭菜质量还不算好，要包涵。饭店老板听了这话很不高兴，非要李鸿章说出饭菜质量哪里不好，最后弄得很不愉快。这件事之所以发生，实际上是由于中国人和西方人在日常生活中的用语文化差异所致。英美国家更喜欢实事求是，不爱客套，对于中国人的客套他们会当真，而这种时候，矛盾就很容易产生。

低年级中学生每天都要学习大量的日常用语，做大量的听说练习，因为其中涉及的英语日常用语文化背景复杂多样，有利于学生丰富知识。教师在教学生学习日常用语时，要注意利用时机对教材中英汉文化差异及其在日常口语和交际中的应用进行同步解析。比如，英美人不能接受别人询问他们的年龄、个人收入等问题，认为这是在干涉他们的私生活；而中国人谈这些问题则表示对对方的关心。中国人以体胖为福，有“心宽体胖”的说法；但如果与英美人交谈时说他们胖，肯定会引起双方之间的不愉快。当然随着时代的发展，中国人的这种以胖为好的价值取向也在发生变化。中国人喜欢谦虚，在听到别人表扬自己时总是要自谦一番；而英美人则直接说“谢谢”，认为自谦是虚伪的表现，同时也认

为自谦也可能导致别人误认为自己无能。我们在教学中应首先采用比较的办法找出中西文化的异同，给学生指出差异所在，然后再针对差异从不同方面设置练习，并要求学生在日常练习中逐步掌握正确的表达和交往方式。这样，学生在记忆这些差异时会更高效、更深刻。

（二）通过比较固定词组、成语及运用差异进行文化交流

初中生主要记忆一些日常简单用语就足够了，但是对词汇掌握量较大、表达方式掌握较为丰富的高中生，就要向他们介绍文化差异的观念，要求他们熟悉掌握重要词语、常用固定词语、常用成语内涵中的文化差异，并对此有较为深入的理解，从而达到能恰如其分地运用这些词语或成语表达思想的目的。这是英语教学中难度的一个递进。

我们常把一些词语、固定词组看作语言交流的中心因素，而词语的含义是随人的经历、感情、文化背景的不同而变化的。中国人与西方人的生活环境、生活经验不同，文化内涵相异，词语、固定词组的内涵也会发生差异。如汉语中说“壮得像牛”，而英语则说“as strong as a horse”，直译过来就是“壮得像马”。汉语说“吹牛”，英语说“talk horse”，直译过来就是“吹马”。再如英语中有这样一个词语“Roman Holiday”，我们如果不了解西方文化就很难理解其中的含义。实际上这个短语的意思是“幸灾乐祸、损人利己”，它来自“就像以欣赏古罗马角斗士搏斗为娱乐一样，也就是以欣赏别人受苦为乐”的含义，因为古罗马的角斗日在过去被认为是“罗马的节日”。再如，在表达“说到谁，谁就到了”这个意思时，中国有句习语是“说曹操，曹操就到”，这与中国人熟知的三国故事有关；而英语中也有同样意思的表达方式，即“Speak of angels，and you will hear their wings”，直译过来就是“说到天使，就能听到天使飞来的声音”，这与西方文化对天使神话的理解有关。

因此，教师要注重教学生了解词语、固定搭配、常用成语中有关宗教、历史、神话等方面的文化因素，以帮助学生准确理解语义差异。

（三）通过比较中西价值观念、思维方式等深层差异进行文化交流

经过一段时间的学习后，在学生的英语知识比较丰富并掌握了一定的语言使用技巧的基础上，教师要注意向他们介绍深层次的文化差异。只有深层次了解了中西传统价值和思维方式的差异，学生的理解能力和写作能力才能有质的提高。就中西方价值取向而言，中国人为集体本位，而西方人则为个体本位；中国人对家的观念较重，依赖性强；西方人更

注重个人独立。这些都会在英语语言和文章中表现出来。

从思维方式上看，英语文章的修辞模式是直线型的，一般按直线顺序对主题进行展开，并为后面段落中意思的增强做好铺垫。段落发展可由次到主或由主到次；或者按时空顺序，由一般到具体或由具体到一般。段落中句子的逻辑性比较强。很多人在写文章时选用以联想、比喻、象征、夸张为主的修辞手法，并对同一主题进行多次归纳重复，创造一种意境，让读者联系细节与主题的关系。这种思维方式差异在学生的写作中表现得十分明显，我们经常发现学生写出的是“中式英语”（Chinglish）。因此，在中学英语教学中，教师要引导学生按照英语的思维方式来进行阅读、写作，并让他们避免汉语思维方式的干扰，逐步形成英语思维习惯，从而更好地用英语进行写作与交流。

语言知识、语言技能、情感态度、学习策略和文化意识等素养的整体发展是综合语言运用能力形成的基础。其中，文化意识的增强是得体运用语言的保证。因此，教师在课堂上除了教授语言外，还应当适时、适度地进行相关的文化知识的教育。

语言是文化的一种表现形式，语言与文化的关系是十分密切的。语言既是文化的产物，又是文化的载体，它依附社会而存在，伴随社会而发展。如果抽去社会文化内容，语言就只剩下了空洞的外壳。中国与英语国家有着不同的文化背景，在风俗习惯、宗教信仰、思维方式、道德观、价值观等方面存在着很大的差异。中西方文化内涵的差异必然造成了语言现象的差异，在语言的词汇系统、语用系统中也会有所反映，如有些词在英汉两种语言中就有不同的含义，有不同的联想意义。例如，在汉语中，熊的形象一般是行动缓慢、呆傻之态，指人时常有“熊样”；形容股市不景气时称“熊市”。但英语用 bear 指人时，则为 a bad tempered-mannered person（粗鄙之人、鲁莽之人）；在中国，大多数人对猫特别厚爱，而在西方文化中“cat”被用来描绘残酷的女人。学生如不了解文化，在交际过程中就会不可避免地遇到文化障碍。因此，只有让学生充分地了解英语文化背景，培养学生的文化意识，加强对所学英语的理解和领悟，才能使其在交际中准确、得体地使用英语。

但是目前，初中英语教学中往往过多地强调语言知识的传授，忽略了对学生跨文化意识的培养，忽视了语言的社会环境，特别是语言的文化差异，致使学生难以知道什么场合该说什么话，从而忽视了对学生交际能力的培养及锻炼。其中一个重要原因就是教师没有注意到语言和文化的密不可分性。因此，教师有必要在传授语言的时候同步传授英语国家的文化知识，让学生通过所学语言了解与该语言有关的民族的生活方式和思想，以促进国际交流与合作。

三、中学英语教学中文化交流的方式

在教学中，教师应根据学生的年龄特点和认知能力，逐步扩展文化知识的内容和范围。在起始阶段应使学生对英语国家文化及中外文化的异同有粗略的了解，教学中涉及的英语国家文化知识，应与学生身边的日常生活密切相关并能激发学生学习英语的兴趣，进而提高学生跨文化交际能力。相关研究资料表明，民族之间的文化差异在语言的词汇系统、语法系统和语用系统都有充分反映，因此，在教学中应着重从以下三个方面加强文交流。

（一）词汇中的文化交流

由于文化的差异，有时在一种语言中的词在另一种语言中没有对应的词。如在英语里的 hippie，在汉语中找不到对应词，因为它是美国社会特有的产物，要让学生理解就必须进行文化方面的解释。同样，汉语中的“阴”“阳”及“豆腐”等，在英语中也找不到对应词。另外，由于文化的差异，有时两种语言的指称意义相同，但文化含义不同。例如汉语中的“红色”是喜庆象征，而美国人却习惯用“red”表示“气愤”“罪行”。还有 blue 的本义是“蓝色”，但在“She looks blue today”这个句子中，就不是“蓝色”的意思，而是“她今天看起来心情很郁闷”。因此在词汇教学中，老师不仅要讲词的基本含义，更要让学生懂得词汇的社会文化内涵。

（二）语法中的文化交流

不同民族的文化在各自语言的语法上也会留下深刻的印记，因为一种语言的语法结构是由思想反映现实的角度以及人们思维方式决定的，也属于文化之列。例如，汉语语法关系主要靠次序和语意关系来表达，多重意而轻形。而英语则注重句子结构和逻辑的合理，注重以形统意。在讲时间和地点时，中国人习惯是从大时间、大地点到小时间、小地点，而西方人则正好相反。因此，教师只有通过语法中的文化交流等形式，才能有效地使学生加深对英语句子结构的理解，排除母语干扰，提高表达的准确性。

（三）语用中的文化交流

语用文化就是语言交际文化，即与人交往时所必须遵循的语用规范。在汉语中，“How old are you?”（你多大了？）“Are you married?”（你结婚了吗？）“Where are you going?”（你要去哪里?）“What are you doing?”（你在做什么?）“How much money can you earn a month?”（你一个月能赚多少钱?）这些对个人情况的询问，在中国体现了亲密与关怀，而在西方文化中则属于个人隐私，对这几方面的询问就触犯了英语中的禁忌。又如称呼的文化差异，英语国家的人有时为了表示亲近和纪念，往往取与长辈相同的名字，这在中国则是一种极大的禁忌。再如，同样是接待顾客，中国的售货员会问：“请问你要买什么?”在西方，售货员会说：“Can I help you?”中国的售货员接待顾客总是从买卖关系出发，而西方的售货员则把顾客当成需要帮助的对象。如果中国售货员用中国式的英语招呼英国的顾客：“What do you want?”那就犯了语用错误，就会使对方感到茫然。因此，教师可以通过对两种不同文化的对比，使学生在交际中避免语用错误，更加得体地运用语言。如对别人的赞扬要表示感谢而不要谦虚；日常用语中包括对家人在内要多用 please, thank you 等表示礼貌；在与外国人交谈时，应尽量避免询问对方的年龄、薪水、住房、婚姻状况等情况，以免引起对方的反感。与此同时，还要有意识地引导学生注意称呼、打招呼、告别、询问、致歉、打电话等方面不同的用语习惯。

此外，在语言交际的过程中，我们除了说出和听到的话语外，还伴随着大量的非语言信息，如语言的语调、语速，交际时的距离和身势、表情等。例如初次见面时，英美人的接吻与中国人的握手，英美人耸肩，手势 V 表示成功、胜利等，所有的这些知识，只有在日常教学活动中，通过一点一滴的介绍，学生才能真正领会并熟练运用。

四、中学英语教学中文化交流的方法

任何一门语言都包含了丰富的文化内涵，小到单个的词，大到语篇，各个层面都体现出文化内涵。因此，文化交流的途径可以多种多样，尤其是在信息传播迅速的今天。文化交流的方法列举如下。

（一）融入课堂法

在任何情况下，跨文化意识培养的主要途径都是课堂教学，教师要通过课堂讲解，在课堂中加入对英语国家的文化的讲解，并为学生提供在模拟或创设的情境中感受西方国家文化的机会。

（二）比较导入法

即在教学中比较英语国家与本国文化的相同点与不同点，使学生能准确把握文化之间的差异。

（三）课外学习法

教师可通过搜集英语国家的标志性物品和图片，为学生展现最真实的外国艺术、历史和风土人情；运用英语电影、电视、幻灯、录像等资料给学生直观的感受，使学生对英语的实际使用耳濡目染。也可以利用校园广播，在课余时间播放英文歌曲；在英语角活动中专设英语国家文化方面的话题；教师也可以在指导学生进行课外阅读时，提醒学生注意文化信息；等等。教师要通过创设形式多样的语言环境，既促进学生对文化知识的实际运用不断增强，又不断加深学生对祖国文化的理解，形成真正的世界意识。

总之，教师在英语教学时，应当格外重视学生的年龄特点及认知能力，既重视语言技能的培养，又重视文化知识的传授，多层次、多渠道地帮助学生从语言现象中发现文化，并通过掌握文化来指导学生学好英语，从而赋予学生完整的社会交际能力。

21 世纪，我国与其他国家的交往越来越广泛。英语作为对外交流的重要工具，其地位和作用已日趋显著，学好英语符合时代的要求。现行高中新教材有意识地安排了英语国家的文化背景知识，力求在语言教学过程中潜移默化地传授文化知识，让学生不自觉地感受英语国家的文化氛围。这也要求教师要突破传统的英语教学模式，将语言教学与文化教学有机地结合起来，从而使学生的交际能力以及跨文化交际的意识不断增强。

五、在中学英语教学中进行文化交流的必要性

培养交际能力是英语教学的主要内容之一。语言能力是交际能力的前提，然而能与外国人交流并不意味着具备了交际能力。

在我国传统英语教学模式下培养出来的学生大多语法基本功扎实，但在和说英语的人进行交际和交流的过程中却常常引起对方的误会，或使对方很尴尬，甚至引起对方的不悦以至愤怒。而无法和对方进行正常交际的主要原因就在于对所交往国家的文化缺乏足够的了解。如今，越来越多的人已达成共识，即交际能力应包括五个方面：四种技能（听、说、读、写）加上社会能力（和不同文化背景的人进行合适交际的能力）。而社会能力的高低与一个人对其交际对象的文化背景知识掌握情况有着紧密的联系。

语言与文化形影不离。文化是语言最重要的特点之一，语言是文化最重要的传播媒介之一，两者交叉渗透。语言有丰富的文化内涵。文化是指所学语言国家的历史地理、风土人情、传统习俗、生活方式、文学艺术、行为规范、价值观念等。学习一门外语的过程，

也是了解和掌握所学语言国家文化背景知识的过程。掌握所学语言国家文化背景知识的程度直接影响到一个人的语言知识的使用能力，是能否得体地运用语言的前提。很难想象，一个缺乏所学语言国家文化背景知识的人，能与该国的人进行正常的交际。所以，如果我们还是一味地只重视语言形式，忽视语言的社会意义，把英语看作一种符号系统而脱离文化孤立地来教学的话，就会给英语等外语教学带来许多困难。事实上，学生在运用外语时，还常常运用中文思维+英文形式，从而出现许多不得体的句子，使对方很尴尬，甚至会出现很多误会。如在送客的时候说“Walk slowly”，或者在街上遇见的时候问“Where are you going”等。我们必须明白文化知识是组成交际能力的一个重要方面，是达到语言教学目标的重要教学内容，我们应对此给予高度重视。因此在英语教学中对学生进行英语文化渗透的重要性与日俱增。

六、英语文化的部分内容

（一）英汉交际风格的对比

英语国家的人，尤其是美国人比较坦率。他们认为坦率与诚实密不可分。说话人吞吞吐吐、拐弯抹角体现了说话者不善辞令、不礼貌，甚至是动机不良，因此难以取得他人的信任。很多美国人相信“Honesty is the best policy”，他们的交际风格充分体现了这一点。在人际交往中，他们往往简短寒暄几句之后就直接切入正题。而汉语的交际风格要间接得多。中国人言谈伊始总要花些时间寒暄一番，询问家庭成员、身体状况以及其他一些共同感兴趣的话题，然后才会慢慢转人所要谈的正题。在人际交往中，中国人最关心的是如何建立和维护良好的人际关系，保住彼此的面子。因此，我们在与说英语的人进行交流的时候应该尽量一语中的，直截了当，避免引起误会和麻烦，甚至冲突。

（二）英汉思维方式和价值观念的对比

英语文化又称为个人主义文化（Individualistic culture），英语国家对独立给予高度关注，他们崇尚个人奋斗，体现在他们的个体行为上即强调尊重个人的独立意识、个人奋斗等，因而不容许他人干涉或侵犯属于个人的一切。因此，教师一定要帮助学生了解西方社会交际规则：不能询问年龄、收入、政治信仰、婚姻状况等个人隐私。英美国家的人喜欢突出自我，标新立异；喜欢独立自主，不依靠他人；喜欢挑战，刺激，冒险。而汉语文化是集体主义文化“collectivism culture”，个人利益要服从集体利益。个人主义在汉语中是个贬义词，是自私的代名词。

（三）英汉文化中动物的“文化附加义”的异同

英美等西方国家的人对动物有着独特的喜爱，他们喜欢养宠物，猫、狗甚至老鼠等动物常常被他们宠爱，这些动物常常被英美等国家的人说成是家庭的一分子。例如，汉语所赋予老鼠的文化附加义也多为贬义，如“贼眉鼠眼”“鼠目寸光”“胆小如鼠”等贬义成语，用来形容鬼鬼祟祟、目光短浅和懦弱；而老鼠在英语文化附加义中则和汉语大相径庭。除了一些中性含义以外，如“as poor as church mouse”，mouse在俚语里可指女人、怕羞的人。而在迪士尼动画“Mickey Mouse and Donald Duck”中，老鼠的形象大放异彩，成为千家万户所喜爱的动物，特别是在儿童心目中，更是机敏、智慧的象征。在汉语中，绵羊隐指性格温顺的人，而英语中“sheep”是指胆小鬼、蠢人。汉语中牛是勤劳、无私奉献、任劳任怨的代名词，“俯首甘为孺子牛”“牛吃的是草，挤出来的是奶”就是最佳体现；而英语国家对于牛却没有如此高的重视与赞美。

（四）英汉文化对颜色的联想意义的异同

白色在英语里象征纯洁，这也是为何西方国家在结婚时喜好穿着白色衣物，新娘穿的婚纱是白色的；而汉语中白色除了可以象征纯洁以外，还象征死亡、恐怖等。红色在中国人眼中是喜庆、吉祥的象征，所以逢年过节要挂红灯笼，给小孩子发红包；而在英美人眼中红色代表着危险。另外“blue”在英语中还有忧郁之义。英语中“green”有涉世未深、刚出道之义，如“green hand”（生手）。汉语里形容一个人嫉妒时用词为“眼红”，而英语里用“green eyed”。黑色在英汉文化中的含义基本相同，都是贬义居多，如黑心、黑名单等。

（五）英汉成语、惯用语、谚语、俗语、格言等文化内涵的对比

英汉里的成语、谚语、俗语中都是各自民族的智慧的最好体现。教学中，教师要注重在对比中帮助学生更好地理解对方的文化。例如：

汉语有“谋事在人，成事在天”，英语则为“Man proposes，God disposes.”

汉语有“骄必败”，英语为“Pride goes before a fall.”

汉语有“勿以貌取人”，英语有“Judge not according to appear-ance.”

汉语有“树倒猢狲散”，英语则为“Rats desert a sinking ship.”（船沉鼠要逃）

汉语有“前车之覆，后车之鉴”，英语为“Let another's ship wreckbe your seamark.”（别人的沉船，就是你的航标）

汉语有“金无足赤，人无完人”，英语则表达为“There are lees to every wine.”（凡酒都有沉淀）

汉语有“巧妇难为无米之炊”，英语为“To make bricks without straw.”（没有草则做不成砖）

汉语有“不可对牛弹琴”，英语则为“Never cast pearls before swine.”（不可明珠暗投）

汉语有“三岁看到老”，英语有“The child is father of the man.”（从小知其人）

汉语有“宁当鸡头，不当凤尾”，英语有“Better to reign in hell than serve in heaven.”（宁在地狱为君，不在天堂为臣）

汉语有“别惹是生非”，英语表达为“Let sleeping dogs lie.”（别弄醒睡着的狗）

汉语有“覆水难收”，英语有“It's no use crying over spoilt milk.”（牛奶已泼，哭也无用）

汉语有“坐失良机”，英语为“To miss the boat.”（错过了船）

汉语有“一箭双雕”，英语为“To kill two birds with one stone.”（一石二鸟）

（六）借助历史人物、历史事件、文学作品等介绍英美文化

当教师给学生讲授*Abraham Lincoln*及*Martin Luther King*这两篇文章时，就要帮助学生了解美国黑人的苦难历史、长期以来存在的种族歧视问题，以及现代社会黑人运动的发展状况等。在学习莎士比亚的作品*The merchant of Venice*时，介绍一下莎士比亚在英国文学中的地位及其代表作。教师更可以鼓励学生阅读文学作品，帮助学生从中了解更多的文化背景知识和信息。

七、介绍英语文化时所遇到的问题

第一，随课本介绍英语文化知识总是有限的，只能暂时满足课本规定及临时操练所需的一点文化知识，课堂文化教学缺乏系统性和连贯性，更无法满足提高学生学习兴趣、丰富学生外语知识的需求。文化的内容纷繁复杂，包罗万象，因而，面对浩瀚的文化之海，一一介绍，将无终了，驾驭文化更是难上加难。这就促使教师本身必须加强学习相关理论知识，努力提高语言文化素养，具备较广博的跨文化交际知识。

第二，在英美文化教学的内容选择上也存在一定难度。各民族不同的生活环境、不同的历史发展过程使各自的文化必然产生差异。这种差异不只体现在语言与文化形式上，更重要的是体现在民族文化思想上。要介绍这方面的内容，教师首先必须树立正确的态度，对外国文化既不能盲目推崇，也不能一味地批判否定。教师要帮助学生树立正确的人生观、价值观和世界观，这是进行文化交流的难点。

综上所述，英美文化教学是英语课堂教学的一个至关重要的部分。教师既要注重语言知识的传授和语言能力的训练，更要注重培养学生口头和书面的实际交际能力。而培养交际能力和了解必要的英美文化背景知识是密不可分的。因此，教师在中学英语教学中要重视培养学生的跨文化交际意识，重视英汉文化的差异。教师务必要认识到，目前中国英语考试的逻辑与题目回答的内容大部分是以国人思维为出发点的，中国的英语考试大多由中国人自己出题，所以，通过考试培养仍然是中国人的思维方式。广大师生虽然生活环境为中国，但是中学英语教学必须要涉及英语国家本土文化的内容，不能让学生只学会一种思维方式，固化一种文化认知，要尽量丰富学生的文化内涵，扩大学生文化体验的范围。教师本身必须不断提高自身的业务水平，尽量扩大知识面，尽力摄取英美国家社会文化生活的最新信息，并将之融入自己一贯的教学实践中，如此一来，学生英语素质才会有质的飞跃。

第四节　大学英语教学中的文化交流

进入 21 世纪以来，全球一体化趋势越来越显著，英语的实用性也越来越被大家所看重。因此，教师要积极地及时将文化与语言教学相融合，在文化的大背景下教授和学习英语将收到最好的教学效果。小学与中学都是打基础的时候，对于文化交流，程度不用太深，而在大学英语教学中要对文化重新定义，要对教学标准重新定位。

一、大学英语学习中语言与文化的关系

很多同学会问，什么是文化呢？文化是不是高深莫测，一般人无法触碰呢？其实，笼统地说，文化是一种社会现象，是人们长期持久创造形成的产物。同时，文化又是一种历史现象，是社会历史的积淀物。确切地说，文化是指一个国家或民族的历史、地理、风土人情、传统习俗、生活方式、文学艺术、行为规范、思维方式、价值观念等。而语言是一种符号系统，是文化的载体之一，没有语言，文化将无法传承。脱离文化去学习语言相当

于只记住了一些文字符号，而没有理解语言的真正含义，单纯的语言教育教学在丰富多彩的现实社会面前便会变得苍白无力，事倍功半。因此，在大学英语教育过程中，教师应该巧妙地介绍文化内容，既可以丰富大学生的文化底蕴，又可以提高大学生的学习兴趣。所以，文化没有大家想得那么神秘，我们生活中的一切都可以被赋予文化意义。下面，我们来仔细看一看大学英语文化的教学内容。

二、大学英语文化教学的基本内容

在大学英语教学中，教师应该传授哪些知识呢？依据文化的表现形式和使用方式，这里粗略地分成三个方面：人文与地理文化、交际文化、观念文化。下面我们来分别做一些解释。

（一）人文与地理文化

人文与地理文化是一个庞大的文化体系，每个国家，甚至于每个地区都有自己不同的风土人情。作为英语教师，我们很难将人文与地理文化所有的内容加以掌握并传授给学生，但是可以将与课本相关的文化背景介绍给学生。

（二）交际文化

在平时交流时，学生对一些比较日常的、循规蹈矩的话题是能够把握的，也能很好地理解交际谈话的内容。但是一些特殊的语用习惯包括交际习惯、谚语、成语、俚语等，大学生们就很难把握了。

像我们在前一部分提到的，很多教师都听过这样的称呼：Teacher Wang，Teacher Li，甚至 Teacher Chemistry 等，这种表达显然是套用了汉语中的王老师、李老师、化学老师的表达。而实际上，在英语中，除了 Professor，Doctor，Chairman，Captain 等词能与姓连用之外（如 Professor Smith），其他表示职务和身份的词（如 Teacher）则不能与姓连用。对于一些老年人，中国学生有时候会称之为“Dear Granny”，意思相当于我们常用的“老奶奶”，其实在英美国家，对于没有血缘关系的人是不能这么用的，只能用 Mrs. 来做呼语。在英美国家的人看来，直呼其名更能让西方人接受。

众所周知，谚语和一些习惯用法都是随着岁月变迁而积淀下来的，它们的形成都有着悠久的历史，如果没有对相应的文化进行了解，是很难理解它们的真正含义的。比如“black sheep”，当然不是指“黑羊”，而是指“败家子”“害群之马”。某个学生在作文中对于一个勤劳的工人进行夸奖：He’s just like an old yellow cow.（他就像一头老黄牛）。在中国文化中“牛”是耕作的主要用具，而在英国文化中“马”则是主要用具，因而英语中相应的谚语是“a willing horse/work like a horse”。另一同学对“世外桃源”进行了这样的翻译：“peach garden out of space”，这是典型的“直译”，没有体现出真正的含义；而英文中也有相近的表达“Arcadia”，它是指古希腊的一个山区，这里的居民过着团圆、牧歌式的淳朴生活。又如习语“the last supper”（最后的晚餐）、“forbidden fruit”（禁果）、“Pandora’s box”（潘多拉之盒：灾难的根源）、“Achilles’heel”（阿基里斯的脚踝：致命的弱点）。这样的词语有很多，要不断通过典故去了解，掌握其来源，做到“知其然，知其所以然”。尤其是在大学中，对学生的翻译水平有了更高的要求，四六级中都会有专门的翻译题型，从以往这些翻译题目的答题看，往往会暴露出大学生英语文化底蕴不够深厚，习惯于中式思维，喜欢直译或是硬译的不好习惯。

（三）观念文化

观念主要是指人生观、价值观、世界观、审美标准以及思维模式。这些都是文化的核心部分，也是我们大家所需到达的最深层次。观念文化在很大程度上影响着人们的生活习惯与行为模式。观念文化形成于社会，同时又进一步影响社会，包括人们的生活态度、离婚率、失业率、犯罪率、金钱观念等各个方面。观念文化是与现代社会直接联系的一种文化，了解观念文化有助于了解各个国家的发展情况、人民的生存现状以及对同一事物认识的不同层次。我们只有在观念上理解了英美文化，才能知道他们用语习惯的由来及深意，才不会在交往中闹出笑话或出现尴尬局面。

三、大学英语教学中文化交流的方法

谈完了大学英语文化教学的基本内容，我们来具体看看如何把文化导入教学中。

（一）直接导入法

目前的大学英语课本会附加与文章内容相关的背景知识，但是仅仅有这些是不够的。教师应该发挥主导作用，针对相关内容进行细致周到的准备，将政治、历史、文化等各个方面的知识，恰到好处地运用到课堂上，以增强教学的知识性、趣味性，加深学习内容的深度和广度，激发学生的求知欲，活跃课堂气氛。例如，《现代大学英语》中，每篇课文后都有 note 部分，但这只是非常笼统的文化介绍，学生看完只能知其一二，师生们还要在教学中对其进行补充，这样，大学生才能更深刻地理解这些文章为何而作，又蕴含了怎样的深意。

（二）多媒体辅助

现在大学的教学要比以往生动活泼得多，我们拥有了更为丰富的多媒体设备，教师可以通过使用多媒体设备向学生介绍文化内容，如音频、视频、幻灯片、电影等。如果课堂时间不够，甚至可以通过网上QQ群、微信群等的聊天形式，与学生共同探讨文化内容及习得。网上讨论与课堂讨论的区别在于，学生在心理上更加容易接受老师，真正做到畅所欲言，师生间真正成了朋友，没有心理障碍，不但更好地学习和探讨了知识，也增进了师生友谊。现在我们都生活在信息爆炸的时代，我们应该对这一新事物充分利用，让学生在网上交流中获取更多的有效信息，学习到更多的文化知识。

（三）给学生推荐阅读书目

基于文化的内容之丰富及课堂教学时间的限制，教师可以将没有时间介绍给学生的文化知识通过其他途径让学生了解。比如，通过e-mail的形式将需要学生掌握的知识发送给学生，或是将一些常用并且必要的网址推荐给学生，让学生自己去了解和认识。教师还可以推荐一些英美国家的优秀书籍、报纸、杂志等。

上述方法都能十分有效地把文化导入大学英语教学中，而且可以培养学生对英美文化的敏感性和洞察力。教学中的文化交流是每位英语教师不容忽视的问题，也是每位学生真正理解语言的根本。大学英语教师不但要转变教学观念，从单纯的语言教育转向语言与文化相结合的教学模式，也应该积极提高自身的文化修养，从而更好地认识语言中的文化因素，最终取得较为理想的语言交流效果。教师可以和学生共同学习、共同进步，因为文化是生生不息的，作为教师也无法全部摸透，在大学这样一个开放的氛围里，教师可以与学生共同探讨，达到更深刻更广泛的记忆效果。

很多大学生会存在一个疑问，想要提高英语是不是该多看外国电影？答案不是肯定的。因为我们要关注的是看什么样的外国电影，怎么才算好好看一部电影，还有我们能从这部电影中获得什么。不过，说实话，电影这种艺术形式非常适合我们去了解国外的文化，因为电影本身就是生活的一个剪影，我们拿电影作为选材，更能让学生充满兴趣地、更逼真地体验外国文化。作为当代大学生，尤其是外语系的学生，了解其他国家的文化是非常必要的。电影鉴赏能够帮助我们在短时间内了解到更多、更有价值、更实用的英美文化和风俗。

第五章　英语跨文化交际能力培养的策略

第一节　提升英语跨文化交际意识

20 世纪中叶以来，越来越多的外语教学和研究人员意识到了将语言教学与文化教学有机结合的重要性和必要性。在第二语言教学中培养学生的跨文化交际能力要求外语教师必须寓文化教学于语言教学之中，在传授语法规则和句型操练的同时，还要重视对英语文化背景的教学并采取相应对策培养学生的文化意识。

一、第二语言学习课堂中进行文化教学的必要性

语言与文化密不可分。事实上，我们一直在讨论的文化与语言之间的关系使文化本身成为任何第二语言学习课程中必不可少的一部分，学习某种语言而不去了解其文化只不过是一种无谓的尝试。简言之，对于大多数学生来说，没有文化意识的外语学习只会变得枯燥无味，这样的学习只会退步为词汇和句式的学习；对于许多学生来说，尤其是对于那些出于融入目的文化动机而学习的学生来说，能够赋予语言以生命力的恰恰就是文化学习。

对于第二语言学习者个人而言，不断深入对文化的理解能够增强其个人学习语言和文化的兴趣。通常情况下，外语学习者懂得的越多，他们想要了解的就越多。了解某种语言的使用者的思维、感觉、行为和习俗，为第二语言学习者恰当地使用目的语并更为有效地与该国人进行交际提供了极大的可能性。

从更为广泛的意义上来讲，文化习得是缔造世界和平、保障经济合作的迫切需要。对于某些民族生活方式的了解有益于我们了解世界上相互冲突的价值观体系。就像一个联合国大会的缩影一样，跨文化交际的课堂强调文化间的相互理解与包容，身处其中，学生会了解到，不同的文化往往呈现出不同的发展态势和特点，只有学会理解并接受不同文化的特点以及不同文化中人们不同的行为模式，我们才有可能恰当处理不同地域、国家和种族

人群之间的关系，促进其间的交流。

二、文化意识形成的不同阶段

在习得目的文化的过程中，学习者从起初的持有文化定式到最终达到真正的移情，需要经历文化意识形成的不同阶段。事实上，由于文化学习者个体存在差异，其最终所能达到的层次也不尽相同。

层次一：事实、定式和不足

学习者感受到的文化信息，包括学习者认为的目的文化事实、对目的文化及其中的人群持有的文化定式和学习者所认为的目的文化，都有“不足”。例如，一些以英语为第二语言的学习者先入为主地认为，所有的美国公民都开着大轿车并且大声说话；所有的美国男性都喜欢畅饮啤酒并且喜欢穿牛仔靴；所有美国女性的性观念都很开放；所有的或大多数的美国南部人都被视为少数人或外国人等。这些文化定式在不同程度上都会对学习者真正地了解目的文化产生阻碍。

层次二：浅显的理解

第二语言学习者会发现更多有关目的文化的细微特点并且有时可能会感觉到失望或沮丧。在这一时期，学习者对于他们观察到的事物只表现出浅显的理解，而非深入的理解。

层次三：深入的理解

第二语言学习者开始从文化载体本身的参考框架角度来理解文化现象，这一层次包括学习者对文化深入的理解和其对文化接受的程度。这一层次的学生开始掌握能够与目的文化传统相结合的主观防御机制，进而能够理解来自目的文化的人传递给他们的某些混杂的信息。例如，在此层次，以英语为第二语言的学习者开始认识到以英语为母语国家的人们的思维角度往往受到许多不同民族和文化群体的限制，进而开始接受他们的思维角度和行为模式。

层次四：移情

移情指的是只有通过融入某一文化才能获得真正的文化立场的转换和对自己母语文化框架模式的超越。第二语言学习者在学习过程中要受到社会和心理上与目的语文化成员之间距离的影响，这一模式包括个体学习者与目的文化之间的距离，如果二者之间的距离较小，则说明学习者已经适应了新的文化并且对这一文化感到认同。例如，有少数达到这一水平的留学生把目的语国家认同为“他们的国家”，并且往往决定留在那里开展其事业。他们大量地使用目的语中的习惯用语，有时取该国人的名字，甚至有时力图在遵守文化规则方面超越该国人。他们往往有意识或无意识地力图融入该国人的生活，并尝试理解、尊重、迎合该国人的期望。

一些第二语言学习者非常渴望尽快了解目的文化社会，但事实上，许多学习者并不能够完全了解并适应目的文化。有时候，在跨文化交际课堂上，虽然有的学生完成了对目的文化某些方面的学习，但是他们往往坚持其母语文化的理解方式和行为模式，而并未做出很大的改变，甚至有些留学生的最终目标只不过是带着良好的目的语技能和较高的目的语国家学位荣归故里，而不需改变其本人的文化身份。

即使这样，大多数的第二语言学习者还是十分渴望通过在目的语国家学习或生活，观察他们周围的文化传统习俗，并设法适应目的语文化，以此来开阔文化视野。许多第二语言学习者出于继续深造和谋求好事业的需要而来到目的语国家生活并且参加相应的目的语学习课程，因此，他们更能贴近和感受目的语文化。通常来讲，他们会以自己的文化视角来看待目的语文化，但与此同时，他们又开始以新的方式来审视自己以及其母语文化。

以英语为第二语言的学习课堂是其所生活的世界的一个典型缩影。以英语为第二语言的学生不仅要面对以英语为母语国家的文化，还要常常接触世界其他国家的文化。通过对英语学习过程中文化因素的系统性学习，他们会明白世界上并不是只有某一种“固定”或“正确”的解决问题的方式，而是有许多种解决问题的方式，这主要是由于文化的多样性造成的。事实上，这些学生还是会觉得他们母语文化中解决问题的方式最令人感到舒服并且最适合他们。

三、文化教学的目标

对于外语教师而言，什么是文化教学的目的呢？教师们是否应该让学生欣欣然停留在文化定式的层次上或者任其固执地坚持母语文化的观点和行为模式，停留在对目的文化的浅显理解上呢？我们是否应该敦促并培养学生对他们正在学习的目的语所在文化的深层次理解呢？我们是应该更加严格地敦促他们培养文化移情能力或者尽快适应新的文化呢？

外语教师是应该着重培养学生的目的文化意识，还是着重培养学生的母语文化意识，还是应该培养学生的多文化意识——不仅包括目的文化意识和学生母语文化意识，还包括世界上其他国家的文化意识？

事实上，语言教师的文化教学目标在很大程度上取决于学习第二语言的学生的需求和目标。

由于学习第二语言的学生其各自的语言习得水平，能力存在差异，并且其各自学习第二语言及文化的目的和需求也不尽相同，因此，作为外语教师，可以对学生作出如下既追求共同目标又包容个性需求的建议。

第一，每个第二语言习得者都应该努力超越文化意识的第一个层次——笼统甚至是不确切的文化定式。

第二，每个第二语言习得者都至少应该达到文化意识的第二个层次即浅显的理解，并且最好能到达第三个层次即深入的理解，例如，深入掌握学生所学的目的文化，并且能够与学生母语文化进行深层次的比较。

第三，除了对母语文化和目的文化达到深入的理解，每个第二语言习得者还应尝试对某些其他国家的文化进行深入的理解。从这个角度来讲，学生应至少能够达到第二个层次。从根本上来讲，这是学生培养跨文化交际意识的需要。

第四，对于那些自己选择留在目的语国家生活并希望尽快适应该国文化的第二语言习得者来说，建议他们努力达到文化意识的第四个层次，即培养真正的目的语移情能力。实际上，我们并不要求所有的第二语言习得者都能够达到这一层次。教师可以通过进行适当的讲解引导学生去接触目的文化来接近这一教学目标，但是这要基于学生本身乐于尽快适应目的文化的动机和行动。然而，即使这一过程进行得顺利，也需要花费几年的时间。

我们知道文化的习得并不是文化信息简单的堆砌，它是一个长期并不断深化的过程，习得者最终达到的程度和层次也不尽相同。同样，文化的习得是一种个人行为，学习者的文化意识最终会发展到什么样的程度也是由学习者本人的诸多因素决定的。这就需要第二语言教师通过课堂的讲解和讨论，甚至有时是私下的接触，来帮助学习者明确进而实现学生文化意识培养的目标。

四、文化教学的课堂活动

对于目的文化的学习并不是简单的理论堆砌。简单的理论堆砌无疑只会使学生逐渐丧失学习目的语及其文化的兴趣，跨文化交际意识的培养也就无从谈起。事实上，学习目的文化除了通过丰富学生理论知识这一方法之外，教师还要从具体的课堂教学环节设计入手，通过生动的跨文化交际课堂活动，让学生去真正地了解和体会目的文化以及目的文化中人们的行为模式,这样,学生的跨文化交际能力才会有真正意义上的提高,跨文化交际课程的设置才会真正具有意义。

在跨文化交际课堂中,文化教学活动具有不同的实施方式,我们大致可以把它们划分为八种类型。

(一)目的文化信息源

这一类型的文化教学活动可以采取多种形式进行,例如,邀请专家就某些特定的文化主题举办讲座,安排问答环节,组织学生对话或者体验某些社会场景。其中的许多技巧都可以用于跨文化交际课堂中。但事实上,这些还远远不够。教师可以鼓励学生多多接触目的文化中的人们,最好能够找到与学生年龄相仿的目的文化成员,通过就彼此共同感兴趣的话题进行交流,来增强学生对于目的文化的了解。

(二)教师的讲解与展示

一般来讲,教师在课堂上的讲解与展示是必不可少的,但是文化教学绝不是只限于以教师为中心的教师讲解活动。学生从彼此之间或者从目的文化成员身上学习到的文化知识要远远多于其从教师那里所学习的文化知识。教师在课堂上所扮演的角色不应该是滔滔不绝的演示者,而是要成为一系列不同的文化教学活动的组织者和倡导者。

(三)欣赏音乐

音乐本身就是一种国际化的语言,能够引导学生更好地学习新的语言并了解新的文化。课堂音乐活动可以包括唱歌、写歌、观看音乐剧、欣赏目的文化中不同类型的音乐(如摇滚、爵士乐、蓝调和古典音乐等),甚至学习演奏目的文化中的某些乐器。

(四)实物与绘画

教师可以在跨文化交际课堂中,布置一些反映目的文化的实物、图画和照片。学生置身于这样的环境之中,就能够时刻感受到目的文化中的象征物。这一课堂活动的优点在于能够激发学生就其母语文化和目的文化中的同类实物和场景进行跨文化的对比与比较。让学生观察反映某些文化群体的实物与图片,或者让其猜测某些物品的用途等方法都可以在这一类的文化教学活动中实施。

（五）文化模拟

任何形式的文化模拟活动都可以帮助学习第二语言的学生认识并了解目的文化，这样的活动同样也可以帮助学生分析跨文化交际过程中产生的误解与隔膜。文化模拟活动（如角色扮演）可以提供给学生一个相对安全舒适的环境，他们可以在没有压力的情况下，呈现出并及时发现文化和语言上的错误。

（六）调研性的文化学习活动

这一类型的活动是由学生自行选取或设计的，可以以个人的方式进行，也可以以与他人合作的方式进行。这样的活动可以在大学层次的第二语言学习课堂中使用。由学生自行实施的典型活动包括：讲解如何准备目的文化中的某些菜肴；对目的文化成员就某些问题进行正式或非正式的采访或调查；简要地研究目的文化中某一时期的音乐风格；欣赏目的文化中典型的体育赛事；搜集有利于学生了解目的语及其文化的习语、格言等。这些课堂活动一般都采取学生自行设计的形式进行，有时教师也可以给学生提供启发，再由学生进行进一步的发挥与创新。

（七）学习风格清单

能够吸引学生兴趣并提供大量的文化信息的另一种文化教学活动，就是引导学生观察来自不同文化的学生所展现的不同学习风格。这实际上也是对某些文化态度的体现。事实上，学生们有时非常乐于列出不同种类的学习风格清单。比较不同文化群体的学习风格是一种十分有趣的课堂活动，学生们需要去思考并解释不同文化群体的成员是如何看待学习的，而且使用何种策略和行为来帮助他们学习语言和文化。当然，并不是来自同一文化背景的学生都会具有同一种学习风格，但是其中还是会存在一些不可避免的文化相似性。例如，某些西班牙学生具有更为开放和外向型的学习风格，而大多数亚洲学生，由于其所接受的教育，往往表现得更具分析能力并且更为内向。

（八）课堂讨论活动

课堂讨论活动可以采取非正式的、不固定的文化讨论形式，也可以采取就某一文化特定方面进行理论验证式的、固定的讨论形式。课堂讨论活动对学生培养文化意识具有显著的效果，但并不是唯一的文化教学模式，并且这一活动的进行离不开一些刺激方法和输入方法的配合。例如，文化作品阅读、文化影像欣赏以及各种类型的文化模拟活动都可以用作课堂讨论活动的输入方法。

以上所有类型的文化教学课堂活动都可以灵活调整，用于满足不同水平和层次的第二语言学习者的实际需要。例如，在进行复杂的角色扮演活动过程中，教师可以提示复杂词汇的意思或者利用视觉辅助材料，以帮助学生理解其中的情境意义。此外，教师应注意，无论采取何种形式的文化教学课堂活动，都应该给学生一定时间以用于进行活动前的准备工作。例如，可以要求学生事先简要了解与某一课堂活动相关的概念，把活动过程中将要出现的生词写在黑板上，准备能够反映特定文化背景知识的文化代表物等。总之，一切可以促进学生了解目的文化的方法和手段都可以用到文化教学的课堂教学活动中来。

再次强调，学习文化知识并不是简单的理论堆砌，需要结合具体的跨文化教学实践来进行。事实上，文化意识的培养和跨文化能力的提高并非一日之工，这需要第二语言教师和学生坚持不懈地付出努力才能达到。在跨文化交际课堂中，教师的角色不仅是语言知识的传授者，同时，也应该是目的文化知识的传授者；教师应该同时具有引导学生了解并分析母语文化和目的语文化的能力，进而才能够帮助学生提高跨文化交际能力，并相应地培养学生的文化意识。

第二节　构建英语跨文化交际能力培养体系

一、跨文化交际能力概念的多层面构建界定

若要理顺跨文化交际能力的构成要素，就需要研究经济活动与语言交际的关系。跨文化交际能力可以分解为交际过程、交际能力、跨文化交际能力及商务交际等多个层面。

关于“商务”和“英语”的关系，我们可以回溯其本质概念，即“经济”与“语言”的关系。从商务活动的动态性来讲，实际上我们要考察的是“经济活动”与“语言交际”的关系。从社会角度来看，经济活动与语言交际活动同是人类具有社会性的重要活动，语言交际活动几乎是伴随着人类的经济活动产生的。经济活动的目的是物质交往，而物质交往是通过人际交往实现的。人际交往最主要的形式就是语言交际，主要体现为语篇。因而可以说，国际经济活动离开社会性的语言交际是无法进行的，经济与语言因而有着密切的联系。经济活动的主体主要是通过言语交际过程来表现经济活动的意图性，并推动经济活

动的进行，进而达成经济目的。因此，我们可以首先从言语交际学角度来分析商务交际活动。

言语交际学认为，言语交际过程由三大要素构成，分别是交际主体、语境和语篇。

英语专业人才的预期发展将成为跨文化商务交际过程的交际主体，其能力构建必须通过解析其在整个交际过程中经历的物质与心理过程。首先，交际主体从事言语交际活动时是物质过程的实践主体，即行为主体。其次，在从事言语交际活动过程中，交际主体又必须经历一系列心理过程。心理过程中的心理现象一般分为高级和低级两个平面，高级平面上有意识、情感、动机等心理现象，低级平面上有感知、再认识、记忆、学习、推理、思维、决策和求解等心理现象。心理活动是从低级层面开始，进入高级层面，心理过程包括认知过程、情感过程、意志过程。其中，心理活动低级层面主要表现为认知过程，那么交际主体从心理学角度讲就是认知主体。再次，交际主体在认知活动的同时将经历高级层面的心理过程，即产生一定的态度与情感，既能够感受他人的态度与情感又能调节自己的态度与情感，并与他人进行心理的协商和互动，因此，交际主体又是情感体验主体。

从综合交际过程中交际主体经历的物质与心理过程来看，交际主体在交际过程中将同时成为认知主体、情感主体与行为主体。心理学认为，能力是指直接影响活动完成效率并使活动顺利完成的个性心理特征。人的能力是在活动中表现出来的。交际能力是交际主体在交际活动过程中表现出来的使交际活动顺利完成的一系列心理特征和物质特征，即认知能力（知）、情感能力（情）和行为能力（行），而这三者的整合能力就成为其交际能力。

英语专业人才的预期活动是涉外商务活动，他们是国际商务交际主体，从而成为跨文化商务交际活动的认知主体、情感主体和行为主体。从人才培养角度来说，现代教育的培养目标已经从知识传输转为能力培养，也就是从外部经验的强化转向内部心理机制的培育转化。这也要求我们必须对上述分析得出的交际能力本身加以解析，从跨文化商务交际主体为完成跨文化商务活动而产生的物质与心理现象上去解析其能力构成，在理论上构建其认知能力、情感能力和行为能力，从而构建跨文化交际能力体系。

（一）认知能力

心理学认为，认知是指人在特定环境中以特定目标为方向处理信息的过程。交际过程中的认知，是指人在特定交际环境中以特定交际目标为方向处理和加工信息的过程。认知的基本过程包括感觉和知觉、记忆、思维、想象等。这里我们主要分析与交际活动的目的性直接相关的知觉与思维能力。知觉是认知活动的基础，交际主体的认知能力首先要依赖于其知觉能力。交际过程中交际主体的知觉对象主要是组成交际环境的各种事物，这就涉及交际环境，也即语言学意义的语境的解析。跨文化交际学认为，认知能力包括描写、解释和评价别人行为的能力，而如何描写、解释和评价，则必须依据具体语境提供的具体规则。

在“跨文化交际能力”这个概念中，“文化”和“商务”正是“交际能力”发生作用的语境，体现在文化语境和情景语境之中。背景知识相当于上述的“文化语境”，情景知识相当于“情景语境”。具体来说，文化语境包括了交际主体所属的文化圈的社会规范和会话规则，也包括商务知识；而情景语境则体现为具体的商务交际活动情景及其特点。这两种语境交织在一起，构成了跨文化商务交际的错综复杂性。

就跨文化商务交际活动来说，交际主体的认知能力以对交际语境的知觉能力为基础，也就是说，跨文化商务交际活动目的顺利完成依赖于对使用的语言及语言外情境的知觉能力，其中，知觉对象包括双方文化参照体系、语言交际系统和国际商务体系。具体体现为文化的多样性和特点、商务活动类型与目的、具体商务交际情境要素（情节能力）与交际规则，以及交际对象主体的文化个性特征和所使用的语言体系等。跨文化交际能力的研究有别于一般跨文化交际能力研究的重要特征之一，就在于国际商务语境为交际提供了更明确更具体的规则，交际主体认知对象更为复杂，具有高度的专业性。

认知过程的另一重要环节是思维过程。思维具有解决问题的指向性和针对性，思维过程具体体现在解决问题的过程中，思维能力也体现在解决问题的能力上。从商务交际的明确目的性来说，思维能力能够决定商务交际过程中的问题是否能够解决，目的是否能够达成，因而是我们要考察的重要对象。交际过程中问题解决能力，也即思维能力，一般体现在交际策略水平和运用能力上。这里的交际策略是一般意义上的语言交际策略，跨文化交际策略和商务交际策略的综合运用，依据交际情景的不同而不同。

（二）情感能力

情感是指人对于客观事物是否符合自己需要而产生的态度体验。情感反映的是具有一定需要的主体与客观事物之间的关系，是对客观世界的一种特殊的反映形式，情感属于心理现象中的高级层面，情感能影响到认知层面的心理过程。换句话来说，情感、态度、动机，能够影响对事物的认识和解决问题的方式。对于跨文化交际主体来说，情感能力非常重要，从跨文化交际学角度来讲，情感能力主要是指移情能力，也就是克服民族中心主义，以别人的文化准则为标准来解释和评价别人的行为，对别人的价值观、需求和目的有敏锐的感觉。移情包括言语语用移情和社会语用移情。前者是指人们运用语用规则和文化习惯，交际双方对彼此的交际语篇恰当准确的构建和理解。后者则是指交际者在社会交往过程中实现移情。具体来说，实现移情需要萨莫瓦曾指出的六个步骤：①承认多元世界和多元文化的存在；②充分认识自我；③悬置自我；④设身处地，推己及人；⑤经验移情；⑥重建自我。

国际商务活动中，交际主体常常来自不同文化的国家或地区，国际商务活动的主体间隔性因而带有文化的主体间隔性，使跨文化商务交际不同于一般的商务交际，其突出特点是商务交际的过程受到跨文化因素的影响。在跨文化的商务交际中，不同文化背景的交际主体由于文化取向、价值观念、伦理规范、思维方式、生活方式等方面的个性特征，使他们在对信息的加工处理方式上、解决问题体现出的思维方式上以及构建语篇的方式上都表现出差异。只有站在公平的立场上，正视、感知、调解和适应这些因文化不同而表现出的文化差异，才能消除误解、偏见、纠纷、摩擦和矛盾，因而移情能力成为跨文化交际研究的重要问题，也是跨文化商务交际研究者越来越关注的课题。任何跨文化的商务活动都是以交际主体的移情能力为成功的基础要素的。缺乏移情能力而失败的商务案例很多。这也是我们在跨文化交际能力构建中提出“情感”能力的重要原因。

跨文化交际学研究还认为，关系能力是情感能力的一个重要方面，具体包括：①交际双方应满足彼此自主和交往的需求；②相互吸引，产生共识；③以适应对方代替群体中心主义；④处理和解决各种心理和社会障碍的能力；⑤灵活变通的能力。关系能力对跨文化商务交际来说尤其重要，成功的商务交往总是以建立良好合作关系为基础的。但是，对关系的认识和建立与维护关系的方式的差异则会导致关系处理过程以失败告终。以中西方的关系意识和处理关系的方式对比为例，在任务型和关系型两种交际目的之中，中国商人更倾向于后者，即先建立人际的和谐，然后再完成以商务为目的的任务；而西方人则倾向于相反的过程。这两种交际目的对关系能力的认同方式和要求不同，其差异常常使中西跨文化商务交际者的交际过程产生诸多障碍。

（三）行为能力

跨文化交际学一般认为，跨文化行为能力包括言语行为能力与非言语行为能力。从跨文化商务交际角度看，行为能力首先是指构建和理解各种语篇的言语行为能力。语篇语言学认为，语篇既是交际活动的单位和交际活动的结果，也是交际活动的工具。广义的语篇包括语言和非语言的交际系统。从狭义的交际取向的语篇语言学角度来看，语篇的性质是一种言语行为，语篇能够使得交际主体互动，从而完成交际行为。奥斯汀和塞尔等人继承了维特根斯坦的“意义在于使用”的观点，创立了言语行为理论。此理论基于这样一个假设：人类交际的基本单位不是字词等静态的表达方式，而是完成如感谢、许诺、拒绝等各种动态的行为。一切语言交往都涉及言语行为。奥斯汀提出了言语行为三分说，即表达性言语行为（locutionary act）、施为性言语行为（illocutionary act）和成事性言语行为（perlocutionary act）。言语行为理论的哲学意义在于将语言与世界的运作方式联系起来，可以使人们看清经济活动与语言交际的某些本质联系。

经济交往行为由以经济目的为前提的各种言语行为组成。国际商务的性质是跨文化的商务交际，必然是由人，即商务交际的行为主体通过各种言语行为来实现国际商务目的，商务交际的过程和结果都体现为商务语篇。当代德国哲学家哈贝马斯（Habermas）的交往行为理论认为：话语完成行为具有建立人际关系和生成性力量（衍生行为）这两种因素。每一个完成式话语都会建立一种人际关系，同时，讲话者在完成一个言语行为时，可与听话者发生某种人际关系而影响听话者，这是由于话语的生成性力量所致。这说明作为言语行为的语篇可以积极影响甚至创造语境，语篇具有能动性，这一点在商务谈判中体现得最为明显。由此，交际主体的行为能力也能积极影响彼此的认知能力和情感能力，使彼此改变认知策略和态度。换句话说，商务交际的交际主体行为能力突出体现在构建和理解商务语篇的能力上。商务活动中，语篇的言语行为性质十分明显，人们通过理解和构建商务语篇进行商务交际，通过语篇的施为之力来影响和创造商务语境，推动达成商务交际目的。

在构建语篇的能力研究中，巴赫曼的研究具有代表性。他认为语言能力由语言组织能力和语言使用能力组成。

就跨文化商务交际活动中的语篇来说，其语言组织和语言使用必然体现商务语篇的特点。商务语篇在自身意义上的语法、语篇、功能和社会语言相比都有明显的特色，学术界对此展开的探讨有很多。要强调的是，跨文化商务交际的过程和结果主要体现在商务语篇中，因此商务语篇能力是跨文化交际能力的重要构成基础。

非言语交际能力是跨文化商务行为能力中另一个重要方面。人类交际中60%的信息都来自非言语交际，可见其重要性。非言语交际包括表情、手势语、体态语等具体动作，也包括时间、服饰、空间观念等抽象概念。斯考伦（Scollon）把非言语交际纳入语篇交际系统中。对于非言语交际，跨文化交际学中研究很多，而其成果也同样适用于商务交际。总之，跨文化商务交际要求主体具有符合文化规则与商务规则的言语行为和非言语行为，因此主体的行为能力是建构在认知能力和情感能力基础上的。

认知、情感与行为三种能力并不是孤立存在的，而是紧密联系和互相作用的。在跨文化商务交际活动中，交际主体通过对文化、商务、语言以及具体场景交际规则等语境因素的认知，形成主体自身适应于交际活动进行的情感、态度，以构建恰当的语篇和恰当地理解语篇作为具体行为方式，从而推动整个交际活动的进行。根据这一分析，对于交际主体来说，作为实践主体，必须有实践能力，这是“行”，主要表现为构建和理解语篇，进行交际；而其“行”依赖于对交际环境信息的认知，即“知”。良好的“情”能形成正确的“知”，二者共同构成“行”的前提条件和实施基础，“行”是“知”和“情”的体现过程，也是体现的结果。“行”能通过交际主体间的互动积极作用于“知”和“情”。

二、以培养目标指导课程设置

从理论到实践对跨文化交际能力概念的解析非常重要，因为它关系到我们如何才能在理论指导下将商务英语专业人才培养目标转化成具有可操作性的教学实践活动。理论构建的跨文化交际能力必须经由教育学的论证，证明其可以转化为学生的预期学习成果，才能在专业的课程设置等教育活动中落实其培养体系的构建。换言之，理论上的培养目标必须转化为具体的教学目标。

美国教育心理学家加涅（R. M. Gagne）认为，人类学习的结果是使其性能发生持久的变化，而可习得的性能可以分为认知、情感和行为三个领域。他从中区分了五种学习的结果，也称五种习得的性能，从素质教育的观点看，这五种习得的性能也可称作五种习得的素质。

①言语信息（陈述性知识）：有组织的信息储存。

②智慧技能（程序性知识）：如何运用概念和规则对外办事。

③认知策略（策略性知识）：如何运用概念和规则对内调控。

④动作技能（程序性知识）：运用某种规则支配人的肌肉协调。

⑤态度：改变个体行为选择的持续状态，影响行为表现。

加涅认为，任何教学活动的设计，大到系列课程，小到一门单元课程，都应以这五种学习结果作为教学目标，其中言语信息、认知策略、智慧技能属于认知领域，动作技能属于行为领域，态度则属于情感领域。这样，我们就找到了教育学的理论依据，从而得出结论：人的认知、情感和行为能力是可以习得的，所以，跨文化交际能力的理论建构可以转化为具体的教学目标。

基于上述关于跨文化交际能力的理论构建，根据对教师经验和学生需求的了解，从培养目标转化为教学目标的角度，完全可以构建商务英语专业的课程体系，其基本模块分为英语基本技能课程、商务沟通实践系列课程和商务知识课程。

第一，英语基本技能课程，包括精读、泛读、口语、听力、基础写作、翻译基础、高级英语等。从语音、词汇、语法、语篇层面构建英语基本语言能力，为培养商务交际技能，即交际行为能力打下基础。从习得结果来看，要突出动作技能和语言知识体系的言语信息习得。

第二，商务沟通实践系列课程，是专业主干课程，包括跨文化商务沟通、商务英语写作、商务英语翻译、商务英语谈判、国际商务合同、剑桥商务英语中高级等课程。其中，以跨文化商务沟通为核心课程，目的是从理论和实践方面来增强学生的跨文化交际意识，培养跨文化交际能力，使学生具备国际视野。此课程在认知、情感、行为等三方面，都能起到理论联系实际的作用，对专业人才的理论修养及实践水平的提高都是至关重要的。其他课程以商务知识课程体系为背景，以语篇构建能力的培养为出发点，集体体现跨文化商务交际中的“行为能力”部分。此部分课程强调智慧技能和认知策略的运用，并以跨文化商务沟通的理论性教学来提高学生的文化移情能力，突出“态度”方面的习得。

第三，商务知识课程，即专业课程，包括商务导论、国际商务、市场营销学、国际商法、国际金融、国际贸易实务、国际商务虚拟运作等课程。此课程体现商务知识体系，并作为促进认知能力的一个重要部分，同时也是专业人才的行为能力的实施基础。其中以国际贸易实务为主干课程，因为国际贸易实务课程的特点是使学生不但能提高认知能力，而且还能促进情感能力的形成，并能够切实提供行为能力的实施平台，是一门能够整合“知、情、行”为一体的跨文化交际能力的课程。此部分课程突出以言语信息为载体的商务知识学习，并为智慧技能与认知策略的习得打下基础。

另外，为促进学生的多元化发展，还要开设各种方向与类型的选修课，充分给予学生以自由成长的空间。具体包括秘书学、管理学、国际经济学、战略管理学、财务管理、国际商法、管理沟通、人力资源管理、国际商务文化、公共关系学等课程，并将这些课程充分深入运用到商务活动的各种语境中，使交际主体能更加明确自己未来的定位。当然，课程设置仅是专业层次的宏观目标的一种体现，人才的培养目标还应落实在每门课程的教学设计层面上。

第三节　重视英语跨文化交际能力测试

跨文化交际能力是一种涉及认知、情感和行为的综合素质，是跨文化知识和交际技巧内化的结果。交际者在某一语境中的交际行为可以体现其所据有的跨文化交际能力，但是鉴于语境的多样性和复杂性，很难以交际者在一种或几种语境中表现出的交际能力综合评价其跨文化交际能力。语言测试是跨文化交际能力课程设计的重要组成部分和重要的教学环节，跨文化交际课程需要一个完善的跨文化交际能力评价体系。跨文化交际能力研究基于语言能力构成研究，在第二语言教学中评价跨文化交际能力的发展水平，一方面可以反映学生语言知识的水平和语用能力；另一方面也反映了学生对目的文化知识的掌握情况、对文化差异的接受程度以及跨文化交际意识等，是检验教学效果、调整教学安排的必要措施。

一、语言能力测试的发展

测试是检查受试者学习效果、衡量受试者能力和反拨教师教学的一种手段，是任何能力培养体系中不可或缺的组成部分。在跨文化交际能力培养体系的构建中，测试是难度比较大的研究部分，因为人的能力和素质是很难量化和测量的。要了解跨文化交际能力测试的发展，我们首先要关注现代语言测试的历史发展状况。现代语言测试大体经历了以下四个主要的发展阶段。

第一个阶段：前科学语言测试或传统语言测试时期（自 20 世纪初到 50 年代初）。在这一时期，语言测试基本上不是在语言学理论的指导下开展的，测试方法主要包括作文、口试、翻译等形式，测试结果主要靠考试实施者的直觉来评判，缺乏科学性。

第二个阶段：心理测量—结构主义测试时期（20 世纪 50 年代末到 70 年代）。这一时期的语言测试以结构主义语言学为理论基础，同时，心理学的行为主义理论以及心理测量学的原则和方法对语言测试起到了重要的指导作用。美国语言学家罗伯特·拉多（Robert Lado）于 1961 年出版了著名的《语言测试——外语测验的开发与使用》，这本书是第一部全面论述语言测试的原理、原则和方法的专著，可以说，罗伯特·拉多是现代语言测试的创始人。这一时期的主要测试方法是分立式测试，即分别测试语言知识的各个成分或某一单项技能的测试形式。

第三个阶段：心理语言学—社会语言学时期（20世纪70年代至80年代初）。在这一时期，语言测试的语言学理论基础从结构主义语言学转向了社会语言学，测验更多地关注如何从功能性、社会性和语言应用的角度考查应试者，测试方法从分立式转向了综合式，即同时测试不止一项知识或技能的测试形式。

第四个阶段：交际语言测试时期（20世纪80年代初至今）。20世纪70年代末到80年代，美国语言教学界开展了一场“水平运动”。很多语言教学界人士认为，语言教学以及语言测验要以语言水平为中心，而语言水平表现为交际能力。这一时期，人们更多地把精力集中在探讨语言交际能力方面。

从发展趋势来看，交际性语言测试是一个重要的方向，为跨文化交际能力测试提供了发展的基础。

二、跨文化交际能力测试的信度、效度和可行性

测试的信度与效度是所有测试都在努力达到的目标。没有信度和效度的测试对教学者和学习者都可能产生误导作用，从而导致教学的南辕北辙。信度与效度原是计量学中的两个重要概念，20世纪30年代被引入语言测试领域。20世纪60年代，以拉多等为代表的第二代结构主义测试学家对这两个概念进行了系统的阐述和论证，并拓展了一系列如何保证和计算这两个“度”的方法，标志着语言测试已形成科学的体系，成为一门独立的学科。语言测试的取向、理论及实践上的发展和纷争都是以信度与效度为主线进行的，信度与效度是语言测试永恒的主题。

（一）测试信度

1. 测试的设计过程

（1）测试内容要全面

信度与测试内容的多少密切相关。被测试者被测试的项目越多，范围越广，测试的信度也就越高。在测试阅读水平时，只选一篇或两篇文章是不够的，因为这有限的内容有可能正是某些被测者曾经读过的，或较熟悉的领域，只有挑选五花八门、题材各异的文章才能测出被测者的真实阅读水平。所以，测试内容过少，范围过窄，根本不能测出被测者的真实水平，往往会出现高水平者得分不一定高，低水平者得分不一定低的结果。当然，在切忌测试内容过少的同时，也要警惕因内容过多而导致被测者因厌烦情绪和精神疲劳，不能顺利完成所有测试内容，出现猜测答案的现象，也会影响测试的信度。

（2）测试题意要明确易懂

由于测试的设计者往往不在测试现场，被测试者在不明题意时无法做题。虽然有时被测试者可以猜出有些出题者的意图，但并不是所有的被测试者都能揣测得那样准确。这样测试的可靠性自然会受到影响。

跨文化交际能力测试针对的受试者不同，测试的内容在信度上也应该有相应的调整。例如，如果受试者是初中或高中的学生，英语尚处于初级水平，那对于他们的跨文化交际能力的测试不妨采用汉语，或者是降低词汇量，将英语的难度控制到他们能够接受的程度，以防受试者因为读不懂题意而影响了其真实的跨文化交际能力的表现。在题量上的权衡也是很有必要的，题目过少，覆盖的文化内容不够广泛，测试结果不能判定受试者的真实跨文化交际能力；题目过多，又容易使受试者产生厌烦情绪，导致答题不够认真，影响测试信度。跨文化交际能力测试试题的内容也应尽量简单明了，既然是测试学生的文化和交际能力，就不应刻意加大词汇和语法结构的难度，如果受试者在不明题意的情况下揣测作答，测试的信度就难以保证。

2. 测试的评价过程

对测试结果的评价影响测试的最终信度。如果评价不客观，测试就没有信度可言。因此，在这一阶段，评价是否客观是影响测试信度的关键。

（1）确保答案标准具体

对于主观题而言，答案越具体，评分越客观。评分者应有所侧重地对被测试者能力的各个方面加以全面衡量，从而给出一个较客观的、符合被测试者真实水平的分数。

（2）确保评分者状态良好

评分者是决定被测试者测试结果的重要因素。评分这一过程是确保测试可靠性的最后一步，也是至关重要的一步。所有参加评分的人员必须参加培训，通过培训，评分者知道确切的评分标准以及如何处理评分过程中出现的意外情况。应避免让评分者持续工作太长时间，否则会身心疲惫，注意力不集中，从而影响评分工作的客观性。

（3）确保多人独立评分

一个人评分只能反映个人的观点。尤其在主观题测试中，例如，语言写作项目的评分，如果一个被测试者的文章迎合某个评分者的标准，或碰到不欣赏其文章的评分者，都可能导致测试信度的降低。如果是两个或两个以上的评分员评定这篇文章，最后取他们的平均分，那么这个被测试者的最终测试结果才会更客观地反映出被测试者的写作能力。

对于跨文化交际能力测试试卷的评价是分析结果、得出结论的重要过程。标准、具体的试卷答案是保证测试信度的重要前提，答案应体现正确的跨文化交际观，对交际中各种实际出现的情况给予客观的分析和全面的思考，不能单纯地以“正确”或“错误”来回答辨析题和案例分析题。另外，跨文化交际能力测试的评分者应首先对自己的文化观和交际观进行自我批判，不能带着自身的文化偏见去评分。在主观题评分过程中，如果遇到自己难以判定的答案，应与其他教师共同商议，或参考权威观点，切忌想当然地妄加揣测。

由于测试包括受试者的态度、意识、行为能力等方面的内容，因此跨文化交际能力测试有一定的难度。在测试的设计以及评价过程中，许多主观因素如设计者、评分者和受试者以及客观因素如环境、测试内容、测试安排等都会或多或少地影响到测试的信度。所以，我们必须安排好测试的每一个环节，增加测试信度。

（二）测试效度

1. 内容效度

内容效度是指测试是否考查了考试大纲规定要考查的内容，或者说考试的题目在多大程度上能代表测试所要测量的目标。根据考试大纲的具体要求，可以从三个方面判断测试的内容效度：第一，测试内容是否和测试目标有关；第二，测试内容是否具有代表性；第三，测试内容是否适合测试对象。

内容效度对成绩测试很重要，成绩测试是考查学生对所学知识的掌握程度，一般要参考某种教学大纲，甚至考虑到教学过程中应用的教学方法，内容效度应该考查的要素和技能都要有所体现。进行测试时，所有教过的东西都应该在检测范围内，并应注意具有代表性的试题应占一定的比例。如果教师教过的主要内容未被检测，那就意味着教和学的脱节，像这样的测试题就没有内容效度。如果测试所含内容覆盖很广、有代表性、内容均衡，这样的测试就被认为有内容效度。各种类型考题所占的比例应依据本阶段所学内容和考试大纲确定，那些具有代表性的重点内容应该占有较大比例。

对于跨文化交际能力测试，测试内容与教学内容应该具有一定的关联性，但是跨文化交际能力测试又不同于其他的关于知识记忆的测试。美国教育学家布卢姆（B. S. Bloom）在其《教育目标分类》中把教育目标按照从低到高的次序分为六个层次，这六个层次分别是知识、理解、应用、分析、综合、评价，对达到每个目标的要求不同。

①知识。辨别或记忆具体的事实、一般的概念、原则、术语、事物的分类、过程和倾向等。知识层次是最低的一个层次，考试最低的要求就是看考生对学习过的知识掌握的情况如何。

②理解。要求考生用自己的语言来复述、解释、归纳所学的知识。这是一种低层次的理解，没有上升到判断和推理，只是在认识基础上的记忆。

③应用。要求考生在不同环境下应用某些抽象的原理和方法。语言测试中这样的题目有很多，例如考生已经学习了某个语法知识，能不能按照要求写出合乎语法的句子，这就是一种应用。

④分析。要求考生把某一事实或概念分解为若干个组成部分，然后指出它们之间的内在联系。语言测试应强调应用而不是分析。

⑤综合。要求考生将各个部分组合成为一个整体。如外语测试中的写作测试就属于综合性测试。

⑥评价。要求考生对某篇作品、某种方法、某种结论做出评价。

跨文化交际能力测试包括以上所有六个层次的测试，但应更注重应用、分析、综合以及评价能力，因为跨文化交际能力归根结底就是需要对交际过程中遇到的情况进行综合分析，然后进行评价，最后表现在实际行为中的具体应用。所以测试者可以有意识地降低知识理解类题目的比例，相应加大分析应用类题目的比例。

另外，真实性是跨文化交际能力测试区别于其他测试方法的一个重要特征，也是保证测试效度的重中之重。然而，对于什么是语言测试的真实性，测试界的看法不一。大致看来，对其定义有三种观点。

第一种是将真实性定义为“直接性”。客观地说，能力是不能直接考查出来的，因为大脑神经的活动过程无法用试卷来测量。从这个意义上来说，所有的测试都是间接测试。

第二种是将真实性定义为与现实生活的相似程度。由于现实生活中语言的使用变化很大很复杂，我们不知道哪种语言任务可以作为真实性的衡量标准，因此交际性测试很难与生活中的真实情景相吻合。现实生活中的任何一段言语材料一旦被提取用作测试材料，必然会失去原来所具有的时间、地点和对象等条件特征，从而降低真实性；测试的场合和任务不可避免地带有人为的和理想化的因素，不管设计得如何巧妙，总会有料想不到的情况。此外，要求受试者对外国的材料做出与外国人相同的反应是不符合实际的。

第三种是把真实性和测试的表面效度等同起来。这一定义也存在问题，因为测试的表面效度完全是由评估者主观决定的。针对交际性测试真实性定义方面存在的不足，有些学者提出了解决的途径，提出了所谓的“教学真实性”，即在听过或者读过一篇材料之后，学生或受试者应知道在何种语言、社会、文化参照范围内，一个以目的语为母语者可能会如何理解这篇材料，并可能对其内容做出何种反应，尽管学生或受试本人不一定有同样的反应。

巴赫曼提出应该从情境真实性和交际真实性来定义测试的真实性，即在命题时，使测试任务的特征与将来目的语使用的情境特征相一致，这样的测试才算具有了情境真实性。而交际真实性则强调受试者与测试任务之间的交际关系。

一般说来，提高交际真实性要比提高情境真实性更为复杂更为困难。尽管如此，巴赫曼认为，通过提高受试者以语言能力等方面参与完成测试任务的水平，测试的交际真实性是能够得到提高的。

巴赫曼的语言测试的真实性定义和标准对于交际性测试的开发和评价极有参考价值，因为提高测试的真实性可以提高测试的效度。

2. 预测效度

预测效度涉及测试的预测能力，即测试结果到底在多大程度上能够预测出将来会发生的可能性，或者说对考生未来行为作出的预测性的准确度有多高。我们常用考试来作出某种决策，如选拔某些人出国学习，选拔考生进入高校读大学等。这时我们关心的是考试是否真的选拔了该选拔的考生？选错了没有？漏选了没有？预测效度一般是拿一次测试的结果同后来的测试结果进行比较，看看两者是否具有相关性。比如一组学生先参加了我们自己设计的测试，又考了四级，如果这两次得分情况相关系数很高，说明我们自己设计的试题有较好的预测效度。

跨文化交际能力测试的预测效度也是很重要的。那么，如何提高跨文化交际能力的预测效度呢？首先我们应该了解学生未来会遇到的交际场合，学生可能会和来自哪种文化的人进行交流，交际过程中可能会碰到哪些真实问题，然后针对这些问题设计出题目，使学生的成绩能够在最大限度上预测出其在真实交际语境下的表现。

（三）信度与效度关系

信度和效度的关系很复杂，主要体现在以下三个方面。

第一，信度与效度都是为了测量测试的有效性，即两者都是检查测试是否起到了应起的作用，达到了什么程度。信度与效度对任何形式的测试来说都是非常重要的。这是两者相同之处。两者不同的是：信度是指测试结果一致性的程度，与外部标准（如某一次标准化考试的结果）没有什么关系；效度是指测试的结果与测试前的既定目的和内容相一致的程度，即测试是否包含了应考的内容，测试是否与预期目的相吻合。效度大都与实体以外的其他标准有关，是用测试的结果与这些标准相比较，看看是否相吻合，吻合程度是否理想。

第二，可靠的测试并不一定有效。假如我们想知道桌子的长度，这是我们的目的，我们就用软尺或米尺去测量它的长度，几次测量的结果都是一致的，即测量出的长度是可靠的，测出的长度与我们想知道的相吻合，这就有效。如果用秤去称它的重量，几次结果也是一致的、可靠的，但重量和长度是两码事，因此称重结果无效。教育测试也是这样。假如我们要考查学生的语法知识，测试的内容就应该是有关语法知识的题目，不能考词汇，否则无效。

第三，不可靠的测试必然无效。只要测试的结果可靠，就能引出一定的结论；但如果结果不可靠，就不可能得出任何结论，因而，失去了可靠性，有效性也就不复存在了。确定了可靠性之后，才能谈得上测试是否有效，假如测试的内部一致性很差，很多题都有毛病，如一题有两个答案，或没有答案等，信度也就很低了，效度也失去了。

在跨文化交际能力测试中，有些常见的错误是将某种文化定型，比如说："在 A 情境下，一个拉丁美洲人将会有 Y 行为。"测试设计者不应从自己的个人经历或读过的文字材料中主观地描述一个文化情境，因为这很有可能只代表了这一文化中少数人的行为。更好的题目可以是："一个墨西哥人在 Y 情境下可能会有 X 行为。"或者"一个生活在利马（秘鲁首都）的中产阶级秘鲁男人在 Y 情境下可能会有 X 行为。"每种文化中都存在着各种不同的文化模式，所以测试设计必须小心对待。

信度和效度是紧密相连、不可分割的。跨文化交际能力测试的目的是测量考生的文化意识、文化知识和文化技能等多方面的综合素质，所以在设计试卷时，不能为了追求单纯的信度或单纯的效度而忽视另一方，而应采取一种积极平衡的态度，即研究并发现影响考生成绩的因素，消除不利因素的影响，加大有利因素的影响，这样才能既保证效度，又有了信度。

（四）可行性

可行性即测试的可操作性，可行性与测试的信度和效度之间存在质的区别；可行性是指制约施考过程的因素，而信度和效度主要考虑的是考试的质量或结果。

我们知道，制约施考过程的因素包括：资源因素、人力因素和时间因素。资源因素指考试场地、考试所需的设备、阅卷设施等。人力因素指考官、监考人员、阅卷人员等。时间因素指实践考试所用时间。因此，我们在设计考试时，必须先考虑到这些因素，否则，一个不实用的考试再完美也只能是纸上谈兵。

对跨文化交际能力的测试需要多样的测试形式、特定的场景搭建、真实语境的还原等与普通测试不同的资源来支持，只有这样才能保证测试的科学性及可靠性。但是，我们在设计测试题目时必须考虑到可行性问题，即使设想得很好，如果不能在实际操作过程中有效地实施，就会导致本末倒置的状况，结果也只是追求形式的完善，而忽略了实际操作中会遇到的障碍，造成损失。

三、跨文化交际能力测试的内容与方法

经调查研究发现，出现在文化测试卷上的试题往往都是考查一些浅显的历史、地理问题，很难准确地测出受试者的跨文化交际能力。那么，究竟如何测试跨文化交际能力呢？我们设计的题目是否应该针对测试目的呢？是否应该涵盖艺术和文学方面的知识呢？是否应该与语言知识紧密相关呢？

学生在学习了与目的文化相关的知识一个学期或者一个学年后，是否有一些观念上的改变呢？他们对于目的文化的态度是否随着与目的文化接触的加深而变得更积极了呢？他们是否能将这种态度推及其他文化呢？首先我们应当明白文化测试的内容是什么。文化测试包括三个方面的内容：一是文化意识，即对目的文化差异的敏感性和对目的语文化的实际功能的理解；二是文化知识，即关于目的文化和社会文化情境的信息，比如目的语国家国情、惯常的社会行为方式、价值观等；三是文化技能，指运用目的语文化进行交际的能力。文化测试应当与文化教学的目的挂钩，二者不能脱节。具体来说，可以采取以下几种方法来测试文化教学效果。

（一）测试文化意识

对于学生态度的转变的最客观最简单的评价莫过于在课程开始时对他们进行一次测试，课程结束之后再进行一次测试。下面我们将介绍四种测试方式，但实际上它们中没有一种能够帮教师下结论说某一个学生的态度如何转变了。这些测试会告诉教师的是，所有学生作为一个整体态度转变的情况。另外，这些测试应该是匿名进行的。

我们之所以不能用一次测试的成绩来给一个学生对文化的态度下结论，主要基于两个原因：测试的信度和效度。上文中提到，信度指的是测量的一致性。考试是否具有信度表现在：当同一考生在其他变量不同（不同环境、不同条件下）时参加同一难度的考试时，其分数结果是否一致或相近。测试的效度主要关注的是需要考查的知识点是否都考查到了，测试是否能最大限度地反映出考生真实的语言能力。效度是衡量语言测试最重要的指标，是语言测试的基本出发点，一项语言测试如果效度很低，那么它就失去意义了。需要

指出的是，语言测试的效度是一个相对的概念。某一项测试用于一个测试目的时可能效度是很高的，可如果把它用于其他目的的测试就未必有效。每个学生在测试时都会有运气的成分在其中，所以测试的成绩是不足以说明某个学生的能力强弱的。

尽管对于能力的测试比较难以把握，但我们可以尽量去避免或者减小误差。

测试态度主要有四种方式。

第一种是通过“社会距离”量表来测试学生态度。该表测量的是受试者与其他文化的社会心理距离。根据受试者对各个国家的人的感觉，在表中用对号标出自己愿意与之建立的社会关系。在填写过程中要将不同国家的人作为一个整体，以自己对这一整体的第一反应为准，不要考虑自己曾经遇到过的好的或不好的个体。请迅速作答。

第二种方法测量的是“语义差别”，即测量两个描述符之间的距离，这种方法让受试者对某一种文化或某一种文化中的人进行判断，对于这一测试方法，教师可以让学生先总结一下他们自己心目中某一种文化的优点和缺点，然后根据这些优缺点来制订“语义差别”量表的两极内容。这样，通过利用自己总结出来的条目，学生会认为该测试更有意义。

第三种测试学生态度的方法是由格赖斯（Grice）在 1934 年发展的，至今仍在使用。这种方法给出受试者许多描述，要求受试者在他同意的描述前画对号。例如：以下是对日本人的一些描述，请在你同意的描述前画对号。

①做事效率很高；

②诚实可靠；

③工业化程度高；

④嫉妒心强；

⑤感情丰富；

⑥畏惧上帝；

⑦自恋；

⑧容易理解沟通；

⑨家庭生活理想；

⑩爱面子。

第四种态度测试的方法展现了不同的内容。这一问卷被用来测量双语学习者每年自尊心的变动情况。问卷中每一条均可以口试或笔试的形式用双语提问，要求学生用“基本同意”或“基本不同意”来回答。

①我对自己很满意；

②我在家中很愉快；

③我喜欢学校；

④我的老师喜欢我；

⑤当老师提问我时，我不紧张；

⑥我可以做好很多事；

⑦我的朋友都喜欢我；

⑧我喜欢说汉语；

⑨我喜欢说英语；

⑩我喜欢阅读；

⑪我喜欢数学；

⑫我喜欢音乐课；

⑬我喜欢艺术课。

以上是四种可以测试文化学习者对待目的文化和对待自身的态度的方法，可以帮助教师更好地了解文化学习者的心理特征，以便因材施教，达到事半功倍的效果。

（二）测试文化知识和文化技能

根据西利的观点，在拉丁美洲一些国家的美国殖民地，用以测试双语文化学习者的测试题主要分为两类：①测试与社会行为能力相关的知识；②测试与社会行为无关的知识。第二类题目中包括本族文化者没有直接意识到的一些抽象的或不明晰的模式，但是这些模式可能对人的行为产生直接影响。这类题目还包括广博的学术知识，以及一些外缘文化，即非目标语核心文化的内容。此外，一些理想的模式（实际上并不真实存在）和那些非主流的模式应在测试题目中尽量避免，以免加深受试者对错误价值观念的印象。

以下七个方面的测试内容和相应的方法可以为跨文化交际能力测试提供方向。

1. 受文化制约的行为意识

学习者应该理解不同文化中人们的行为方式，因为人们往往利用社会允许的方式满足一些生理和心理需要。

题目：做一个口头或书面报告，题目为：Why do most Americans go to church on Sunday?

要求：口头报告可以选择用汉语或英语来做，时间控制在5分钟内。书面报告应不少于500字，以双倍行距格式打印，语言可以为汉语或英语。学生将在上课时在班级中陈述自己的观点，书面报告应复印，保证人手一份。

评分标准：报告应解释清楚教堂在美国文化生活中的特殊意义、重要性及其原因。语法、拼写、发音方面的错误不扣分。为了保证学生能够充分了解任务的内容，教师应给出一些背景材料。

2. 语言和社会变量的相互作用

学习者应了解一些社会身份变量，如年龄、性别、社会地位以及居住地等对人们话语和行为的影响。

测试方法1：

题目：学生通过阅读材料或者采访至少两个以英语为母语的人，做一个英语口头报告，找出因性别或年龄等因素的差异而导致的人们在词汇和表达方式方面的不同之处。

要求：至少提前两周布置该作业，并要求在课堂上进行报告。

评分标准：70%以上的学生能够较为清楚地理解报告内容。

测试方法2：

题目：判断已给出的四个书面英语对话应属于以下哪一种社会层次的人们之间的谈话（城市工人阶级、城市中产阶级、城市上层社会人士、农村平民）。

要求：每个对话长度适中，学生应在课堂上于20分钟内做出答案。

评分标准：四个对话必须被正确地判断。

3. 社会习俗

学习者应知道社会习俗对人们行为的影响，并了解目的文化中的人们在通常情况下和紧急状况下采取何种行为。

题目：用准确恰当的语言和手势语展示美国人如何回应下列六种场合。

①有人称赞你的新衣服。

②你不小心撞到了别人。

③有人不小心撞到了你并且向你道歉。

④你在一个人的生日晚会上祝福他生日快乐。

⑤你在一个朋友的婚礼上向她表达你的祝福。

⑥你被介绍给你的一个同龄人和一位教师。

要求：用英语在课堂上表演这些活动，老师和其他同学可以表演另一个角色。每个场景的表演时间不超过1分钟。

评分标准：每个场景应包含至少一个美国人常用的手势，运用以英语为母语的人比较容易理解的口语表达，没有语法错误。在每个场景中的回应必须符合美国文化的习惯。

4. 词和短语的文化内涵

学生应该意识到，即使最平常的目的语词汇和短语在特定文化背景下，也可以激发人们不同的形象联想。

题目：从学过的单词表中找出5个名词、5个动词，确认目的文化中与这些词相关联的形象。

要求：10个单词应在课堂活动进行的前两天给出。课堂测试进行30分钟。在测试中，教师将展示25张图片或者特征描述（走、坐、手势），学生从中找出与目的文化相关联的。

评分标准：学生必须能够准确认出其中7个单词。

5. 对文化观点的评价

学生应该具有对目的语文化进行概括的能力，并能对已有的观点做出评价和修改。

题目：评价10个用英语给出的对德国文化做出概括的信息，分别给出下列结论：（a）可能正确；（b）可能错误；（c）我不知道其是否正确。对于可能错误的概括，简要陈述能够驳斥其错误的证据。对于不确定其是否正确的概括，简要陈述你还需要哪些附加信息才能得出结论。（正确地确认一个正确或者错误的文化概括，即得分；对于那些不确定其是否正确的文化概括，如能对需要哪些附加信息提出好的建议，也得相同分数。）

要求：答题时间为45分钟。

评分标准：必须答对80%或80%以上。

6. 对其他文化的研究

学习者应该掌握从文学作品、媒体和个人观察中搜寻和组织与目的文化相关的信息的技巧。

题目：针对你感兴趣的关于目的文化的一个问题进行研究。

①在期刊中找到至少五篇与该问题有关的论文，其中至少应有一篇来自专业刊物。找到五本可能包含与该问题有关的信息的书。为每篇论文和每一本书准备一个独立的索引，使用标准的目录模式。

②在找到的这些出版物上定位与你的问题相关的页码，在索引卡上标注页码。

③阅读这些材料，在索引卡上记录最重要的信息。

④写出大纲，厘清需要研究的问题。

⑤列出可能影响你研究的主要变量。

⑥列出 20 个问题，并向以英语为母语的人提问，以便为你的研究提供更多的信息。问题中应包括一些可以暴露被调查人的偏见的问题。

⑦列出 10 种其他的查找信息的方式，并给它们以同样方式建立索引卡。

⑧做一个简要的报告，口头报告或篇幅不超过 250 字的笔头报告均可。

探讨你最初要研究的问题的可行性。

要求：以上八项活动中的每一项均应给学生不少于一周的时间来做。每一项完成后应交由教师进行评价，并给予反馈。

评分标准：前七项每一项最高为 10 分，最后一项为 30 分。学生必须达到 70 分以上。

第四节　创新英语跨文化交际能力培养模式

一、跨文化交际能力视角下的英语教学目的

应用视角下的英语教学目的以语言应用技能为目标，训练学生的听、说、读、写、译的技能。跨文化交际能力视角下的英语教学更加关注学生整体沟通能力的建构，语言技能作为沟通能力的一个方面包含于宏观的能力和素质之中。语言技能添加文化知识的课程、跨文化交际课程，以及选修双语文化类课程，这些课程的总体教学目的是培养学生的跨文化交际能力。根据跨文化交际能力的构成内容、英语课程的教学目标，以及课程体系的特点，跨文化交际能力视角下的英语教学目的细化为以下几个方面。

（一）培养学生的跨文化认知能力

1. 培养文化认知能力

文化认知能力包括了解交际双方文化参照体系、具有跨文化思维能力和跨文化交际情节能力。跨文化交际要求交际者既了解自己所在文化体系的文化习俗、价值观念、思维模式和行为取向，又了解目的语文化的对应知识。只有了解双方文化的参照体系，交际者才可以在跨文化交际语境中调整自己的行为模式，预测交际对象的行为取向，为有效交际做好准备。跨文化思维能力是指交际者在了解交际对象文化的思维习惯的基础上，能够进行

跨文化的思维活动，是高层次的跨文化交际能力。交际过程中交际主体的知觉对象主要是组成沟通环境的各种事物，即交际行为发生在一定的语境中。

2. 培养交际认知能力

跨文化交际能力除了要了解对方交际模式和交际习惯，还要掌握交际对象使用的语言体系、交际规则和交际策略。英语教学的教学内容是语言，掌握语言知识和应用规则是重要的教学目标之一。由于各文化体系中人们的价值取向不同，交际规则差别也很大。不了解对方文化的交际规则，即使正确使用目的语言也不能保证有效的交际结果。了解交际对象文化的交际规则，学习其交际策略才能在行为层面上表现出跨文化交际能力。

（二）培养学生的跨文化情感能力

1. 移情能力

培养学生的移情能力是指培养学生克服民族中心主义的能力、换位思考能力以及形成得体交际动机的能力。作为文化群体的一员，交际个体都有民族中心主义的倾向，以本民族文化为标准评价其他文化，对其他文化存在文化思维定式、偏见和反感情绪。跨文化交际能力培养的课程体系能够增加学生对其他文化的认识，提高跨文化交际意识和克服民族中心主义的负面影响。

2. 自我心理调适能力

在跨文化交际语境中，交际主体会因文化差异产生心理焦虑或感到心理压力，例如文化休克等。因此，培养学生的自我心理调适能力，包括存在困惑和遭受挫折时自我减轻心理压力的能力、对陌生文化中不确定因素的接受能力以及保持自信和开放心态的能力，都是重要的教学目标。

（三）培养学生的跨文化行为能力

1. 言语行为能力

语言能力包括词法、语音、语法、句法、语篇等语言知识，是正确使用语言的能力。从跨文化交际角度培养学生言语行为能力，使学生了解目的语词汇的文化隐含意义、句法构成习惯以及篇章结构布局等。

2. 非言语行为能力

培养学生非言语交际能力，提高有效沟通能力。据统计，在交际中非语言交际占93%

之多，包括用肢体语言收发信息、面部表情、目光接触、交流距离、姿态、音调等。

3. 跨文化关系能力

培养学生的跨文化关系能力，包括与目的语文化的交际对象建立并保持关系的策略能力，在不同的交际情境中的应变能力。

跨文化认知能力、情感能力和行为能力是跨文化交际能力的宏观概括，是跨文化交际能力培养课程体系的总体教学目的，通过课程体系来实现。

二、跨文化交际能力视角下的英语教学内容

（一）文化行为项目

1. 介入性文化行为项目

（1）属于生活必需的

就餐、住宿、购物、看病、乘行等。

（2）属于人际关系的

称呼、寒暄、介绍、打电话、通信、邀请、接受、拒绝、拜访、会客、共餐、聚会、帮忙、交友、送礼、祝贺、告别等。

（3）属于娱乐消遣的

看电影、看话剧、游览、看电视等。

（4）属于情感态度的

兴奋、愤怒、沮丧、厌恶、惊讶、遗憾、请求、要求、怀疑、感谢、同情、赞扬、谦虚、道歉、服从、妥协等。

（5）属于观点意见的

讨论、评论、征求、意见、建议、同意、反对等。

（6）属于个人隐私的

年龄、收入、婚恋状况、政治立场等。

（7）属于时空意义的

身体触碰、人际距离、私人时间划定、守时等。

2. 非介入性文化行为项目

(1) 属于生活必需的

穿着、日常饮食、节假日饮食、住宅、搬家、医疗保健等。

(2) 属于家庭生活的

家庭团聚、家务分工、家庭纠纷、家庭开支、代沟、亲属往来等。

(3) 属于娱乐消遣的

周末娱乐、别墅生活、欢度节日、听音乐会、体育等。

(4) 属于婚姻习俗的

恋爱、结婚、婚变、生育等。

(5) 属于知识和思想教育的

学校教育、社会教育、课外活动等。

(6) 属于社会职责的

求职、社会活动、志愿者等。

(二) 文化心理项目

1. 属于社会价值观念的

个人与集体、竞争与和谐、男女地位、权威与平等等。

2. 属于人生价值观念的

成就、命运、金钱观等。

3. 属于伦理价值观念的

公正与善良、他人与自我、礼节与面子等。

4. 属于审美观念的

色彩、数字、体态等。

5. 属于自然观念的

战胜与适应、禁忌等。

(三) 跨文化交际项目

①全球化语境下的跨文化交际现象。

②文化对语言的影响。

③文化对交际的影响。

④跨文化交际障碍，心理障碍、民族中心主义、文化定式与偏见、语言障碍等。

⑤跨文化言语交际。

⑥跨文化非言语交际

⑦文化价值观。

⑧文化多样性。

三、跨文化交际能力视角下的英语教学原则

跨文化交际能力培养是一个复杂的教学体系，制定教学目标，确定教学内容，设计课程群都要遵循科学的教学原则。

（一）教学目标

符合时代特点。

满足学生需求。

既有总体目标又有个性化目标。

培养具有两种文化体系的双语人才。

（二）教学内容

应突出重点。

文化教学内容要与语言教学相辅相成，不能增加学生的学习负担。

既要重点对比中外文化的不同之处，也要指出它们的共通之处。

要构建成一个开放式的体系，鼓励学生接触不同流派的观点。

引导学生正确看待本民族和其他文化的价值观念，既不厚此薄彼也不崇洋媚外。

既有语言技能、交际策略训练类课程，又有开阔视野增加人文素质的课程。

（三）教学策略

应根据课程特点、学生总体学习风格、教学条件等因素灵活运用教学方法课堂。

设计中融入“合作式学习”“研讨式学习”等教学理念。

设计丰富多彩的第二课堂活动，增加体验式学习的机会。

（四）教材

引进编写理念先进、语料真实、内容富有时代感的国外教材。

采用优秀的国内教材，采用自行编写的符合本校教学要求的优秀教材。

（五）教学文件

所有课程必须有齐全的教学课件。

教学课件的编写要有针对性，体现课程特点，对教学内容有补充作用。

四、跨文化交际能力视角下的英语课程体系

根据跨文化交际能力培养的教学目的及教学大纲，结合课程设计理论，设计以培养跨文化交际能力为教学目的的课程体系。跨文化交际能力培养主要集中在大学英语教学时段，该体系由两个教学阶段的课程群构成。

（一）基础教学阶段课程体系

大学英语基础教学阶段是指基础语言类课程和大学英语跨文化交际课程。此阶段的课程为必修课程，共计 16 学分。

1. 大学英语课程

在大学英语基础教学阶段，突出语言基本技能的培养，实施大学英语分类、分级教学动态管理机制。将大学英语课程教学要求划分为三个类别，即预备二级（零起点学生）、二级（艺术学院学生）和四级（主体学生和二外学生）等教学要求。新生入学后，根据分类、分级的教学原则，分别进入不同级别的大学英语教学。

本阶段教学课型包括听说课及读写课，同时开设口语专修学期。听说课以小班授课的形式采取多媒体辅助教学，读写课既有基于网络的自主学习模式又有传统课堂授课模式。

2. 大学英语跨文化交际课程

大学英语跨文化交际课程是基础教学阶段的必修课程，授课对象是完成四级学习任务的学生，每周 3 学时，开课 1 学期，共计 2 学分。本课程以讲授跨文化交际知识为主线，用英语授课，教学目的是提高学生跨文化交际意识和跨文化交际能力。

（二）应用提高阶段课程体系

在应用提高教学阶段，突出培养学生的语言应用能力，特别是英语与专业相结合的应

用能力，通过培养学生的跨文化交际能力，拓宽其国际视野，提高其就业能力和创业能力。本教学阶段采取“模块式”培养理念，建设跨文化交际双语教学辅修专业、跨文化商务交际双语教学辅修专业、跨文化交际双语教学专修证书、跨文化商务交际双语教学专修证书、跨文化交际、西方文化、中国文化、国际视野双语教学选修课等八大模块为主的课程体系，为全面培养大学生的跨文化交际能力提供了保证。

1. 跨文化交际双语教学辅修专业模块

跨文化交际双语教学辅修专业模块是为通过基础阶段学习的学生开设的辅修专业，该模块共开设十门课，每门课开课 1 学期，每周 4 学时，共 2 学分。学生在两年内通过任意八门课将获得辅修专业证书。该模块旨在使对该学科有兴趣的学生全方位了解西方文化、中国文化及跨文化方面的知识，培养他们的跨文化交际意识及跨文化交际能力。该模块开设下列课程：高级口语、跨文化交际学、语言与文化、中西文化对比、跨文化交际翻译、欧洲文化入门、美国社会与文化、跨文化沟通、口译、中国文化概况。

2. 跨文化商务交际双语教学辅修专业模块

跨文化商务交际双语教学辅修模块是为有志于今后学习或从事商务及涉外活动的学生开设的辅修专业，该模块共开设 10 门课，每门课开课 1 学期，每周 4 学时，共 2 学分。学生在两年内通过任意 8 门课将获得辅修专业证书。该模块课程旨在使学生了解国际商务知识，提高商务语境中的英语应用能力，注重培养学生在跨文化商务环境下的沟通能力。该模块包括下列课程：跨文化商务沟通、国际商业文化、跨文化商务管理、跨文化商务谈判、国际商务、商务英语翻译、剑桥商务英语（高级）、国际商务英语写作，美国社会与文化、商学导论。

3. 跨文化交际双语教学专修证书模块

跨文化交际双语教学专修证书模块是针对全校各级别文理科学生开设的模块式选修课程。该模块旨在培养学生的跨文化交际意识及能力，提高学生在交际环境下综合运用语言的能力。该模块开设跨文化沟通、跨文化交际翻译、中西方文化比较和高级口语四门课程，每门课每周 4 学时，2 学分。

4. 跨文化商务交际双语教学专修证书模块

跨文化商务交际双语教学专修证书模块是针对全校各级别文理科学生开设的模块式选修课程。该模块从文化、商务、沟通、语言等多方面入手，培养学生在商务实践活动中的跨文化交际能力。

5. 西方文化双语教学选修课教学模块

西方文化双语教学选修课教学模块是为完成基础阶段学习的学生开设的选修课。该模块旨在使学生对英语国家的整体概况有所了解，培养学生的文化认知能力。该模块包括下列课程：英国社会与文化，英国历史与社会文化，美国社会与文化，加拿大社会与文化，澳大利亚、新西兰社会与文化，英语国家社会与文化，欧洲文化入门，西方文化入门，欧盟社会与文化，美国总统就职演说之文化分析，文化视听，世界节假日文化，西方文明史，简明世界史，英国历史，西方艺术鉴赏。每门课程开课一学期，每周 2 学时，共 1 学分。

6. 中国文化双语教学选修课教学模块

中国文化双语教学选修课教学模块是为完成基础教学阶段学习的学生开设的选修课。学生在进行跨文化交际时要“知己知彼”，因此，该模块旨在帮助学生对本民族文化加深了解，为培养学生的跨文化交际能力打下坚实基础。该模块目前包括中国文化导读、中国文化与英汉翻译等几门课。每门课开课 1 学期，每周 2 学时，共 1 学分。

7. 跨文化交际双语教学选修课教学模块

跨文化交际双语教学选修课教学模块是为完成基础教学阶段学习的学生开设的选修课。该模块旨在帮助学生进行中西方文化对比，培养他们的跨文化交际意识和能力。该模块包括下列课程：交际学、社会语言学、语用学、语言与文化、中西文化比较、跨文化交际、跨文化商务沟通、跨文化非语言交际、跨文化交际翻译、跨文化交际技巧、跨文化电影赏析。每门课开课 1 学期，每周 2 学时，共 1 学分。

8. 国际视野双语教学选修课教学模块

国际视野双语教学选修课教学模块是为通过四级考试的学生开设的选修课。该模块旨在开阔学生的国际视野，培养学生对国际问题的敏感度。该模块开设的课程包括：国际关系史、美国外交、世界历史重大事件、全球国际组织简介。正在论证的课程包括：国际关系、国际政治经济、国际政治经典著作选读、国际冲突、理论与历史、经济名人漫谈、政治军事名人漫谈、哲学名人漫谈、科学家漫谈、大众文化名人漫谈、文学家漫谈、美国历届总统漫谈。每门课开课 1 学期，每周 2 学时，共 1 学分。

五、跨文化交际能力视角下的英语教学模式

为实现培养跨文化交际能力的教学目标，在英语教学中渗透文化教学，就改变了传统

大学英语教学以讲授语言知识为主的教学模式。在英语教学中渗透文化教学，包括两种模式：一种是在大学英语听说课和读写课中添加文化内容，改变以往那种围绕语言知识点进行的语言教学；另一种是开设文化及跨文化类双语课程群，以语言为工具讲授文化类课程，以目标语文化背景为切入点，既着眼于提高学生文化素质，又加强学生语言修养。

（一）添加式文化教学模式

添加式文化教学模式是指在培养学生基本语言运用类课程中添加文化内容。这种文化教学模式适用于大学英语基础教学阶段。按照教育部的《大学英语课程要求》（以下简称《课程要求》），该阶段开设培养学生基础语言能力的课程，即听、说、读、写、译课程。在大学英语基础阶段的教学可以设置三类课程：听说课、读写课和大学英语跨文化交际课。

1. 听说课

（1）教学目的

新视野听说课和短学期口语课的教学目的，除国家《课程要求》中所培养的听说技能外，还包括以下跨文化交际能力。

①了解目标语文化中典型的语言和非语言交际模式。

②了解并能够在交际中运用目标语中主要的社会语用规则。

③了解具体情境中目标语文化所期待的语言表达和行为方式。

④基本能够运用目标语扮演目标语文化中的社会角色和社会身份，并得体处理人际关系。

⑤能够运用目标语文化中的交际策略。

为实现听说课语言技能和文化方面的教学目标，既要编写听说语言知识教案，又要编写相应的文化教案。文化教案为教师提供该课型所涉及的文化背景知识、地道表达方式、语篇对比分析等内容，同时也提供课堂教学活动涉及的交际情景中的语用知识。

（2）课型

基础教学阶段开设的听说课包括两种课型：新视野听说课和短学期口语课，均采用小班授课的教学模式，每班 20 人，采用计算机多媒体辅助教学。根据分级教学的原则，新视野听说课包括预备一到四级四个级别，每周 2 学时，历时 4 个学期，教材采用《新视野听说教程》。短学期口语课为每年夏季短学期开设，每周 4 学时，历时 5 周。

2. 读写课

（1）教学目的

大学英语基础教学阶段读写课的教学目的，除了实现教育部《课程要求》所规定的培养学生读、写、译等基本语言技能的规定外，还包括以下文化教学目的。

①语言（特别是词语）的文化内涵。

②在句子结构、段落及篇章分析中比较中西语言句法差异，并渗透中西思维方式差异等文化内容。

③阅读课中，文本分析环节要从理解文化背景和文化差异的角度解读作者意图。

④在翻译和写作教学中要培养学生使用目的语文化的思维方式构建句子和篇章的能力。

（2）课型

写课分为课堂授课类型和基于计算机网络的自主学习两种类型。其中主体学生除采用传统班级授课外，课下还可利用计算机网络进入《新视野大学英语》网站学习，补充知识、预习新内容或者做练习。参加自主学习实验班的学生以自主学习为主，教师定期辅导。新视野读写课，每周 3 学时，历时 4 个学期，教材采用《新视野读写教程》。为了配合读写课的文化教学，要编写《新视野大学英语跨文化教案》，提供每一单元的文化背景知识（如社会、习俗、历史等文化现象介绍、中西文化对比等内容），词汇、短语、习语、谚语等文化内涵，重点句子结构、篇章结构的中西语言文化差异，文中所体现的文化价值观等内容。通过使用文化教案，文化教学不但以背景知识的形式添加到语言教学中，而且渗透到语言学习的各个环节，贯穿于整个教学过程，起到促进语言学习的作用。

（二）双语文化教学模式

大学英语基础教学阶段的英语教学目标是用英语教授语言课以提高学生英语语言运用能力。应用提高教学阶段的英语教学目标有两层含义：一是进一步提高学生语言应用能力；二是提高学生对目的语深层文化的认识，从而具备一定的跨文化交际能力。为了实现这一双重目标，应用提高教学阶段的英语教学模式以英语为工具，讲授目的语文化类课程或中西文化对比类课程使用双语教学模式。目前，国内双语教学是添加性双语教育，采用英语作为教学语言，目的是提高学生英语水平，掌握汉语和英语两门语言，成为汉英双语人才。

1. 大学英语跨文化交际课程

学习外语的最终目的是实现有效的跨文化沟通，然而有效的交际不仅是语言技巧问题，还涉及文化因素。为增强学生的跨文化交际能力，教师可以在基础教学阶段针对全校已修完《新视野大学英语》四级的本科生开设大学英语跨文化交际必修课，旨在使学生了解跨文化交际中的基本概念和常识，增强学生的跨文化交际的意识。

（1）教学目的

本课程的教学目的是增强跨文化交际意识，使学生具备跨文化知识，领会交际对象的意图，运用交际技巧，分析交际情境的跨文化交际能力。培养跨文化交际能力不是从根本上改变交际主体的个性特点，而是增强其社交技能，尤其是指在其他文化背景下或与其他文化背景的人交际时所具备的得体的言谈举止和处事方式。

大学英语跨文化交际课的教学目的如下。

①使学生通过本课程的学习，能够了解文化的定义，认识语言、文化和交际三者之间的关系。

②使学生熟悉民族中心主义、文化定式、偏见、非言语交际、语言等因素在跨文化交际中导致的障碍，并了解消除这些障碍的方法和途径。

③培养学生包括体态语、手势语、辅助语以及时间和沉默等行为在内的非言语行为能力，使学生认识到目的语与母语之间非言语交际符号的差异，使学生能够正确解读目的语特有的非言语交际符号的含义。

④对比不同的文化模式之间的差异，并了解各种文化之间的交际特征和各类交际形式。

⑤使学生掌握主流文化、亚文化等概念，并了解主流文化与亚文化的关系。掌握文化身份、多元文化主义等有关概念。

⑥对目的语国家文化加深了解，增强使用目的语进行有效交际的能力。

⑦预料和避免由于不同的文化期望而产生的误解。

（2）课型

该课程是针对全校本科生开设的必修课程，每周 3 学时，历时 15 个教学周。可采用自编教材，内容包括当代大学生所需要掌握跨文化交际的基本知识和常识，能提供大量的案例供学生进行讨论，帮助学生理解消化相关的跨文化交际概念。

2. 文化、跨文化类选修、专修、辅修双语课程

根据国家《课程要求》规定，应用提高阶段的大学英语课程旨在拓宽学生知识面、了

解世界文化，因此课题组设置了以培养学生跨文化交际能力为教学目标的知识文化类课程和交际文化类课程。

知识文化类课程主要包括：中西方社会与文化类课程群、国际关系与政治课程群、中西文学文化鉴赏课程群。

交际类文化课程主要包括：跨文化交际学、中西文化对比、中外电影欣赏、比较文学、中西艺术鉴赏、中西建筑风格赏析、中西方音乐欣赏和中西方新闻的比较与鉴赏等。

（1）教学目的

从课程设置来看，应用提高阶段课程内容包括西方文化的诸多方面，学生既可以将其当作文化背景知识课，只了解其表层含义，又可以就某一类课程做更深一步的研究，理解其深层含义。这一类课程群的教学目的如下。

①开阔视野，了解西方国家的政治、经济、社会、历史、文化、民俗等方面的背景知识。

②了解目的语的民族心理、价值观念和思维方式，通过中西方文化对比增强跨文化交际意识。

③通过对显性文化知识的学习，领会其隐性文化内涵，提高跨文化交际能力。

④培养学生的文化洞察力、文化理解力和文化创造力，能够实现在两种文化之间的互动。

（2）课型

应用提高阶段的文化、跨文化双语课程的性质为选修、辅修及专修课。授课方式为班级授课形式，采用多媒体教室和普通教室结合的方式；此外，网上读书学分课程模块，以自主学习形式完成。

3. 第二课堂

第二课堂是课堂教学的延伸，教师要为各教学阶段的学生设计丰富的课外活动，为学生提供体验式学习的机会。

（1）网上自主学习

教学大纲、授课计划、教案、教学课件、教辅材料等教学文件在教学网站上均有提供，学生可以在课下自学、预习、做作业、做练习或者查阅资料。教学网站可在任意节点登录。

（2）社会调查

学生的平时成绩或作业形式中包括社会调查报告或论文等，教师要鼓励学生调查各种人群的跨文化交际意识或对文化多样性的认识，调查中外合资、外资独资企业的人力资源构成，以及文化多样性对其管理模式的影响等。

（3）国际视野放映厅

影音资料是生动直观的教学资源，可以在每周五晚为学生放映有关典型文化和文化差异、文化冲突的电影或纪录片，如《刮痧》《推手》《安娜与国王》《阿甘正传》等，提高学生的学习兴趣。

（4）文化及跨文化知识讲座

每学期面向全校学生组织多场文化及跨文化知识讲座，主讲人可以为外籍教师以及有出国经历的本校教师。讲座内容广泛，以知识性、趣味性为指导原则，开阔学生的国际视野，丰富学生的文化及跨文化知识。

（5）主题文化周

主题文化周以英语为交际语言，活动形式包括专题讲座、知识竞赛、英语短剧、英文歌曲大赛、演讲大赛等。

通过第二课堂的实践活动，学生自己探索文化知识，发现文化差异，体会文化冲突，实践跨文化交际策略。从实际效果看，学生发现问题、分析问题、解决问题的能力可以明显得到加强，这就为学生未来应对工作环境中的挑战提供了实践机会。

六、跨文化交际能力视角下的英语教学策略

在大学英语基础教学阶段和应用提高阶段导入“文化教学”内容，积极尝试各种教学策略，目的是使学生在获得语言知识的同时获得文化知识，提高学生整体的跨文化交际能力。

传统的大学英语教学模式不能适应新时代和新课程标准，所以，改革大学英语教学模式是重点。新的教学模式要求教师采用多种教学方法、教学策略并设计丰富的课堂活动。建议大学英语教学改革基于建构主义的学习理论，课堂设计原则以学生为主体、以教师为主导，教师设计课堂活动、提供学习情景、布置学习任务，学生通过参与、体验以达到构建知识的目的。

建构主义的教学模式包括支架式、抛锚式、随机访问式、情境式等，这些教学模式都强调协作式学习、任务性学习和情境活动式教学策略。建构主义的学习理论不仅能支撑语言教学，还可以支持其他学科教学活动。英语基础教学阶段以语言教学为主要内容，因此，在基础教学阶段的课堂设计中应该采用交际教学法作为设计课堂活动的基础。交际法

教学包括三种典型课堂活动：扮演角色、模拟活动和小组讨论。这三种活动实际上与建构主义中的协作和任务型教学策略相同。作为教学活动设计者的教师要针对不同的课型和教学目的选取恰当的教学策略，根据总体教学的特点设计课堂活动。以下内容涉及基础教学阶段和应用提高教学阶段的教学策略和课堂活动设计。

（一）基础教学阶段教学策略及课堂活动设计

1. 听说课

（1）教学策略

根据听说课的课型特点、教学目的和教学要求，教师在设计课堂活动时可以主要采取交际法英语教学策略、协作式学习策略和任务型教学策略。

（2）课堂活动

新视野听说课和短学期口语课采用灵活多样的课堂活动，发挥学生参与的积极性和主动性，实现语言教学和文化教学的有机融合，主要包括以下内容。

①口头报告：教师提前将口头报告的题目布置给学生，学生经过课下准备后，在课堂上报告。

②小组讨论：以 3~5 人为单位，就课文中涉及的话题展开讨论。

③对子活动：两人为单位的对话练习，巩固课堂上出现的句子结构知识。

④角色扮演：依照课本上的对话，让学生做模仿练习；由教师给出活动场景，让学生自己设计对话内容，自行分配角色，经过在小组内的预演后，在班级表演。

⑤即兴演讲：根据教师临时提供的文化场景让学生做即兴的、简单的交际演讲。

⑥信息缺口：给学生分别提供一部分信息，学生需要合作才能获得全部信息。如故事由四幅图组成，分别发给四组学生，然后按照先后顺序让每组派代表分别描述，从而勾勒出完整的故事情节。

⑦采访：让学生采访班级学生对某一问题或者某一文化现象的理解。

⑧小组辩论：将学生分为两组，分别持有相反的观点，就教材中出现的某一热点话题展开辩论。

（3）教师角色

教师采用目的语授课，只在必要时使用母语解释。教师是语言的输入者，是语言知识的传授者。教师负责设计、组织并参与课堂活动，努力为学生创造良好的课堂气氛，帮助学生克服使用目的语时的焦虑心理。对待学生语言使用中的错误，教师是在每次活动之后，针对典型错误予以纠正。

2. 读写课

(1) 教学策略

为了导入“文化教学”，读写课上除使用传统课堂教学策略外，在讲授读、写、译各项技能过程中还可以尝试使用以下教学策略，努力实现语言教学和文化教学的有机融合。

①词义挖掘法：此法是指在学生掌握词语概念意义的基础上，挖掘词汇内部的文化因素。两种语言都会存在词汇意义不对等现象，一些所指意义相同的词汇也具有不同的联想意义，反映不同的文化心理，所以，教师在讲解词汇时应该注意挖掘词义中的文化内涵。挖掘词义的文化因素可视具体情况采取语境法、词源法、搭配法、比较法等，帮助学生准确理解、恰当使用词语。

②语法提示法：在进行语法教学时，把目的语文化对语法的影响融进教学之中，提醒学生注意具有目的语文化特点的语法现象。例如，含有形式主语或形式宾语的句式是英语常用句式，尤其是在科技英语中，这种句式除表示客观性外，还充分表现了英美人注重形式的思维特征。如果向学生提示目的语文化的这些思维特征，语法教学有时会达到事半功倍的效果。

③翻译对比法：在进行翻译练习时，将那些突出反映目的语文化特征的词汇、习语、句式、篇章结构、文体风格等语言项目提取出来，与母语进行对比，了解两种语言各自的特征和异同所在，选择最佳的对应方式，避免翻译中的英语式汉语或汉语式英语。

④习语对比法：将课文中出现的习语提炼出来，通过对比目的语与母语在习语表达方式上的异同，加深学生的印象。两种语言比喻相同或相似的：wolf in sheep's clothing（披着羊皮的狼），Kill two birds with one stone（一石二鸟）等。比喻不同的：Love me，love my dog（爱屋及乌），as trong as a horse（壮得像头牛）等。

⑤文化旁白法：新视野英语读写课每一单元的文化背景知识多采用这一讲授方法。例如：在讲到有关圣诞节的时候，教师可以顺便介绍圣诞节的缘由、庆祝方法和习俗；在讲到英国报纸的时候，可以介绍几种大报和小报以及它们的政治倾向和读者群；在讲解虚拟语气的礼貌用法时，可以见缝插针地讲解目的语国家的人的交际习俗和规则。

⑥展示法：通过介绍一些与所学内容有关的文化背景材料，让学生进一步了解所学内容，开阔视野，激发学习欲望和兴趣。

(2) 课堂活动

新视野读写课的课堂活动主要包括以下内容。

①口头报告：学生课前预习课文内容，课上把课文大意复述出来。或者教师提前将口头报告的题目布置给学生，学生经过课下准备后，在课堂上报告。

②小组讨论：学生 3~5 人分成一组，就课文中涉及的文化现象展开讨论。

③角色扮演：根据课文内容，给学生分配不同的角色，让学生把课文中的情节表演出来。

④辩论：将学生分为两组，分别持有相反的观点，就教材中出现的某一热点话题展开辩论。

（3）教师角色

教师采用目的语授课，只在讲解复杂的语法现象时使用母语，为学生提供语言输入。教师为学生提供丰富的文化背景知识和学习资源，更是信息资源的提供者。教师负责组织课堂活动，负责评价学生的学习效果。

3. 大学英语跨文化交际课程

（1）教学策略

大学英语跨文化交际课是以英语为手段，讲授跨文化交际学内容的双语课程，课堂设计可以参照近年来文化教学中常用的几种教学策略。

①说教型教学：说教型教学是传统的教学方法，但是至今仍然应用得十分广泛，具有其他教学方法不可替代的作用。采用说教型教学的课堂容量大，对于传授知识性信息非常有效，教师经过加工整合把重要的知识和信息传达给学生。在大学英语跨文化交际课堂上一般以此方法向学生介绍重要的概念。

②文化片段：大学英语跨文化交际课教材中涉及的案例分析多采用此方法。学生起初对某一文化现象感到困惑，然后尝试不同的角度和方法解释该文化现象，教师不是直接地将正确的解释告诉学生，而是指导学生如何做分析的过程。比起教师直接提供文化信息的教学方法，文化片段的优势在于趣味性强，容易调动学生参与的积极性，锻炼学生创造性思维的能力。

③文化包：文化包包括一段文字，介绍和解释目的语文化与母语文化差异的一个具体侧面，以及一组照片或有关实物。文化包中的文字、图像和实物材料提供现成的文化介绍和解释。另外，教师可以把文化包布置给学生，请他们做课堂演示。这种感性经验与理性思考相结合的方式，既生动活泼又有思想深度，在大学英语跨文化交际授课中收到良好效果。

④关键事件分析：从跨文化交际角度理解关键事件是指简要描述交际各方由于来自不

同文化背景而产生的误会、问题和矛盾冲突等，涉及文化适应的问题。关键事件分析的教学策略可以增加学习者的跨文化意识，帮助学习者理解文化差异并学习在相似情境中得体处理问题的方法。通过分析以目的语文化为背景的关键事件可以提高文化自我意识和移情能力，小组讨论或者大组汇报的形式有助于双向交流能力的培养。分析现实生活中的跨文化交际还有利于引导学习者从理解具体行为的层面上升到认识其泛文化含义的层面。

⑤拾荒式搜索：拾荒式搜索是一种集探究式和任务式于一体的教学方式。它帮助学生在网络上搜索信息，以提高学生的理解能力和阅读能力，拓宽学生的知识面。教师在讲授大学英语跨文化交际课时，可以让学生上网查找相关名词的信息，经过学生的加工整合汇报给班级同学。如可以让学生上网搜索“nonverbal communication”（非言语沟通、非口头信息交流）的例子，或者某一特定非言语交际符号在不同文化中所表示的不同含义，以便加深学生的理解和记忆。

（2）课堂活动

大学英语跨文化交际课上的课堂活动主要包括以下内容。

①小组讨论：学生就教材中出现的文化现象和文化差异展开讨论。

②口头报告：学生先阅读教材，然后用自己的话，将文中的主要观点表述和总结出来。

③案例分析：学生分析教材中出现的案例，加深对相关概念和文化现象的理解和把握。

④关键事件分析：简要描述交际各方由于来自不同文化背景而产生的误会、问题和矛盾冲突。

⑤辩论：就教材中出现的某一热点话题展开辩论，一般将学生分为两组，两组持有相反的观点。

⑥共享资料：学生将在网络上获得的信息与班级同学共享。

（3）教师角色

教师采用目的语授课，只在解释某些复杂概念和术语时使用母语，为学生提供丰富的语言输入。教师是知识的传授者，是课堂活动的组织者，是学生自主学习的支持者，是学生自主学习能力的培养者。语言不再是教学的主要目标，教师只纠正学生使用目的语中十分严重的错误。

（二）应用提高教学阶段教学策略及课堂活动设计

1. 教学策略

应用提高阶段的课程资源包括中西方社会文化类、跨文化交际类和国际视听类课程，采取双语教学模式。文化类课程授课模式较为简单，可采用说教型教学策略，该策略能够帮助教师加大课堂容量。双语授课的专业课因为教材生词较多，教师讲授过程中侧重专业知识，不处理语言知识，学生的语言能力有限，因此一般多采取任务型、协作型的教学策略，教师留给学生时间进行讨论或进行其他课堂活动可以缓解学生理解语言的压力。

2. **课堂活动**

基于任务型教学、协作学习、随机访问等建构主义教学策略课堂活动包括以下内容。

（1）图片展示

教师准备一些来自不同国家、不同种族的人的图片，让学生说出他们对这些人的看法，看看学生是否有给不同文化的人“定式”的倾向，然后再给学生讲述“定式”的定义，并对学生的偏见加以评述。

（2）互动活动

在学习了一段时间后，可以做一些课堂互动活动。写两组题签，一组是跨文化交际的一些专有名词，另一组是它们的定义，然后把学生分成两组，分别持一组题签，持有定义的学生轮流读出定义的内容，另一组学生中持有与之相对名词的人要迅速识别并站出来。

（3）戏剧表演

在欣赏一部电影、一部文学作品之后，可以让学生就自己喜欢的一个场景排练戏剧，同样的场景可以让两组学生来演出，一组以西方文化为背景，另一组以中国文化为背景，比较在不同的文化中，同样的活动如何以不同的形式展现出来。例如，中西方在访客、婚礼、朋友相处、洽谈生意等场合下人们的不同表现都可以通过戏剧表演的形式体现，使学生加深印象。在中西艺术鉴赏课上，也可以采用这一活动，让学生先查出画中人物的出处，获得相关的故事情节，通过表演的方式展现画中人物的故事，这不仅有利于对绘画本身的了解，也扩展了文化学习的领域。在这一活动中，教师应先确定通过文化表演应取得的学习成果，分派学生担任各种不同的角色，解释表演过程、表演者和观众的学习任务，最后要总结并检查是否达到学习目的。

（4）虚拟公司的运作

虚拟公司运作是让学生通过自己扮演商业经营者与决策者的角色，以英语为工作语言，以国际贸易为运作流程，在虚拟的国际商务环境中创办、经营和管理公司，加强本专业语言的应用能力与交际能力的培养，以此来加深理解并掌握国际商务运作的理论与实践，同时提高学生独立思考、综合运用所学知识的实际工作能力。

建立网上虚拟公司，四个学生一组，成立虚拟公司；学生自主选择为主，指导教师相对调整为辅。最好是每组中包括不同专业的学生，以充分发挥专业之间的互补作用。

在实际运作中，学生以英语为语言工具，按照国际商务惯例，成立不同类型的虚拟国际商务公司，经营范围定位在国际商务和国际贸易方面。在网上进行各种虚拟的国际商务交易。培养学生掌握商务沟通方面的基本理论和技能，具备国际商务创业与从业必备的跨文化交际能力，具有较高的综合素质和较强的创新意识，具有较强的进取精神和团队精神，具有良好的心理素质和较强的交际能力、协调能力、心理承受能力以及实践能力。

3. 教师角色

课堂以学生为中心，教师负责设计、组织并参与课堂活动，鼓励学生使用目的语完成各项任务，努力为学生创造友好的目的语语言习得环境，减轻学生使用目的语的焦虑感。教师为学生提供学习资源，鼓励学生进行合作学习、探究式学习和自主学习。

第五节 完善英语跨文化交际的文化教学策略

一、文化讲座

文化讲座，指以班级为单位，以教师为中心，以演讲的方式直接向学生传授有关目的语和目的语使用社团的文化知识策略。适用于以下几种情况。

①教师向学生介绍文化新领域可叙述或描述的知识，学生可以通过讲座掌握总体概况或基本概念的知识。

②教师讲解一系列可通过主题来分类归纳的相关文化事实，可以系列文化讲座的形式来完成。

③在教师即将给学生布置有关文化学习的研究任务，或者需要解决某个问题之前，学生需要掌握的基础知识，可通过讲座来进行。

④某些具体的文化资料，学生自学和阅读十分困难时，文化讲座可以解决学生因理解困难而造成的误解。

⑤当教师具备和拥有特别的教材，这些本身已为文化讲座的内容和教学铺平道路，教师在教学中施行教学相长，学生也从该教师的特殊教材中获益。

文化讲座使教师对课题顺序、时间掌握等方面有极大的控制权，所以能确定在教学完成时学生有可能获得的成果。文化讲座对班级的大小没有严格控制，以专题顺序组织的文化讲座有利于充分利用教师资源。从教师的角度来看，教师的文化讲座一般会汇集最新研究成果和最新的研究方法，以及其本人的学习心得与体会，所以能提供给学生许多宝贵的信息资源。从学生的角度来看，学生在听文化讲座时，其听、写和观察能力会得到训练与提高。

二、文化参观

文化参观是以教师为辅导，以学生为主体，在课堂时间或课外时间以某个文化专题为学习任务，以参加统一观摩活动的方式来实现预期的学习效果。适用于以下两种情况。

①某个文化教学单元结束以后，学生如果具备了有关专题的文化知识，就可以参观适合该专题的文化展览。

②当教师想要测试学生独立工作、综合分析文化知识的能力时，可安排学生参加文化展览并完成某个学习任务。

文化参观能够调动学生主观能动性，使他们能主动地观察、接触、研究、总结文化知识。文化参观一般都在比较宽松和非正式的环境中进行，娱乐性和趣味性较强。

文化参观比较适合作为一种辅助性的教学策略，而不能作为常规的教学策略使用。由于学习任务不明确，学生自主选择时间而进行的文化参观可能会变成走过场，学习效果不明显。

三、文化讨论

文化讨论是以班级为单位，以教师为组织者，调动学生就某个专题开展有程序的、面对面的讨论，以解决实际问题或解答特定课题。

文化讨论需要一定的条件才能得以顺利开展。参加讨论的人必须要积极开口，乐意与人交谈而且乐意倾听别人的发言；参加讨论的人，作为一个集体，应当提出至少两种以上不同意见，这样才能激发思考，各抒己见；所有参加的人都希望通过集体智慧加深自己对主题的理解。

组织文化讨论的目的是使学生通过交流来加深对某种主题的了解，而不是为了劝说别人或与人争辩。在讨论中，教师是讨论的组织者和主持人，不应占用太多发言时间，学生应是主体，教师只在提示和纠正偏题现象时发言。

文化讨论适用于以下情况。

①当教师希望学生建立自己获取新知识的信心，并对他们自己的学习建立责任感的

时候。

②当教师希望学生能充分发挥自己的主见，对有关文化事实的不同假设和推断提出疑问和加以讨论的时候。

③当教师有目的地训练学生交际能力时，文化讨论会提供给学生以表达复杂概念的机会。

④当教师希望学生了解对同样的文化事实可用不同的方法分析，或从不同的角度和立场看待会有不同的结论时。

⑤当有必要建立学生的集体信念和合作精神时。

文化讨论有利于对学生交际能力的培养，讨论的形式为学生提供锻炼语言表达能力的机会，以及倾听别人意见、尊重别人经验和学习成果的机会。文化讨论中教师提供的论题一般都是有争议的、没有定论的，所以学生必须从不同的角度去考虑问题。这样，才能产生不同的意见、不同的方法和不同的结论。文化讨论有利于建立起平等的师生关系，师生间的互动性也较强。文化讨论要求学生和教师都必须做好充分准备，否则课堂上就会出现冷场现象。另外，教师必须要保证内向型学生和外向型学生都能参与到讨论中，并且享有同等的发言机会。教师还要控制好讨论的方向，避免在讨论过程中出现跑题现象。

四、文化欣赏

文化欣赏是以班级为单位的教学活动，教师以主持人的身份组织学生根据预定的计划就某一文化专题或某一文化事件，代表个人或小组向全班做汇报式讲演。

文化欣赏可以采取不同的形式：可以是纳入教学大纲、按序列专题进行的演讲，例如将学生分成若干组，指定主题让其准备，然后在课堂开始或结束时由小组代表发言 10 分钟；也可以是随意的或即兴的文化欣赏，例如学生凭自己的兴趣选择题目，进行课堂演讲；或者是总结性的文化欣赏，即在文化专题学习之后，组织汇报演讲，以陈述为主。

文化欣赏增进了学生的主动性和教学中的灵活性，学生可以自主选择专题，在课堂上安排的时间也较灵活。学生轮流表演可以公平分配学生表现机会和在课堂上所占的时间。学生的表演对学生间彼此交流和互相学习很有益处，同时，教师也会从学生的表演中获得新的经验。

文化欣赏对教师和学生提出了很高的要求。一方面，教师不能事先预知学生表演的内容，这就要求教师们具备灵活应对课堂上会出现的问题的能力；另一方面，文化欣赏需要学生的积极配合，学生必须具有很高的积极性和很强的自主学习能力才能够顺利完成学习任务。

五、文化会话

文化会话是以小组为单位，以教师为辅导，以学生为主体，以围绕语言功能而展开的口头交际活动为主要形式的课堂教学策略。

①学生是否明了学习的目标，即会话主题、功能等。

②学生是否做了充分的准备，如课前阅读、听录音等。

③教师是否准备了完整的指导纲领，如有多少句式需要练习、会话的程序等。

④教师是否建构了合适的学习环境，如交际情境、教室桌椅安排等。

⑤教师是否经常干预学生，是指明方向还是纠正偏题等。

⑥学生是全心全意地投入交际，还是三心二意地敷衍了事。

⑦教师是及时得到学生的反馈并采取措施，还是听之任之，置若罔闻，袖手旁观。

⑧师生是否达成默契，按时、按计划地达到目的；师生是否建立了良好的互动关系。

因此，为了保证文化会话的有效实施，教师在课前必须做好以下准备工作：一是如何分配小组。分组时要充分考虑学生的个性、能力、性格等因素，努力建立一个互相尊重、乐于助人的集体，并要选择一个合格的组长。二是如何启动对话。小组活动开始之前，教师要简要、明确地交代活动的要求与目标，活动中要适时监控各小组活动的情况，并准备好冷场时的应急措施。三是如何总结活动情况。在小组结束文化会话的活动之前，教师做全班性的总结，鼓励并评价学生的活动。

文化会话使小组成员参与教师设计好的学习任务的机会比较多，避免了大班教学中学生说话机会较少的现象。小组活动的形式使学生积极参加讨论和交际，提高了学习兴趣，增进了学习效果。小组中的交际活动也为每个成员提供体会不同社会角色的机会，训练了学生的交际能力。文化会话教学策略可能会使一部分习惯了“填鸭式”教学方式的学生感觉难以适应，而且，该策略要求教师把握好对课堂的控制尺度，既不能过多地干预学生活动，也不能失去对学生活动的控制。

六、文化合作

文化合作指学生在小组中以合作的方式来完成某项语言文化活动，是一种以任务为本的教学策略。

①采取此种策略要有适合的教学时机，符合教学目的，而不能为了使用策略而使用

策略。

②教师应该在活动前解释清楚活动的目的、程序和预期结果，使小组成员了解自己要进行的活动，因此，课前提供示范是有必要的。

③教师应该根据学习任务准备和分发必要的讲义，列出学习指导纲领和活动的要求。

④应该有适当的公平的评估方法来检测学生的学习成果，测验的手段和评分的标准必须既能反映出小组合作的成就，又能体现出小组成员的个人贡献。

小组合作式的学习方式有利于培养学生独立思考的能力，小组成员可以按各自能力与专长分工合作，发挥个人专长，互相学习。小组之间的合作强化了学生对自己学习的责任感和对同学学习进展的关心，在人数较少的小组合作中学生能及时听到别人的反馈和评论。

七、文化表演

文化表演是指学生根据教师提供的假设的交际场景，扮演不同的角色，在小组内或大班内汇报演出他们的交际行为。在外语课中让学生扮演角色进行模拟交际是一种比较常见的教学策略。

文化表演适合在小组（2~4 人）中进行预演，然后在全班表演，包括三种形式。

①依照课本上的对话，做模仿练习，练习对话。

②即兴的、简单的、根据教师提供的文化场景临时产生的交际行为。

③结合前两种活动的特点，教师给出活动场景，要求学生设计更为复杂的交际脚本。例如，有的学校每学期都会有英语晚会或者英语小品、故事表演等。

第一种表演形式比较容易，简短的表演脚本能为参加表演的学生提供清楚的框架，教师可以允许学生准备提示卡片以减轻他们的心理压力，但是，学生的交际活动过于简单化和公式化，不利于真正了解目的文化。第二种表演形式适于新课或完成一个单元教学之后，培养学生即兴表演的能力。第三种表演方式更适于在综合复习阶段使用。

文化表演教学策略为学生提供积极参与的机会，学生的表演活动是主动参加交际，而不是被动接受知识。文化表演还为学生提供了一个没有威胁、没有教师过多干预的、顺利解决文化冲突的“安全”环境。通过文化表演可以提高学生的自信心与自尊心，锻炼他们的人际交往能力，增强其在公众场合的交际能力。值得注意的是，文化表演一般需要很长时间的准备和演练，课堂教学往往受到课时的制约，因此文化表演不宜经常使用。

八、文化交流

文化交流指与目的语国家进行师生互换，共同体会不同的教学环境，进行真实情境的文化交流体验活动。由于国内外语教学条件的限制，很难在我国大规模地推广真正意义上的文化交流，国内最常见的文化交流方式是聘请外籍教师，使中国学生有机会真实地接触目的语及目的文化。

九、文化谜语

文化谜语是莱文（Levine）等外语教师提出的教学策略，指让来自不同文化背景的学生就某个文化专题展开讨论并且寻求某个教师提出的“谜语”的“谜底”。

解答文化谜语的过程是学生用已知文化与目的文化进行比较分析，以讨论的方式来解决交际中的文化冲突的过程，基本上是以学生为中心的教学活动。在准备文化谜语的过程中教师应该做好以下工作。

①假设跨文化交际中的某个情境，以便引导学生提出实际问题。

②创造协调的多元文化交际环境以促使学生积极参与跨文化交际。

③及时对小组或个人给予辅导和组织全班总结，以保证学习过程的顺利进行，获取最佳学习成果。

文化谜语可以培养学生自行解决问题的能力，并使他们获得极大的满足感，加深对所学内容的理解。寻求文化谜语答案的讨论和交际互动，增强了学生学习的主动性，锻炼了学生批判性思考问题的习惯和应对能力。文化谜语兼有文化讨论、文化会话和文化合作等教学策略的部分特点，因此也同样具有这些策略的优点，该策略可以配合其他策略一起使用。

十、文化冲突

文化冲突是指利用外语课堂中发生的文化冲突实施文化语言教学。在多元文化课堂上的文化冲突表现在中国学生与外籍教师之间的文化冲突和来自不同文化背景的学生之间因文化价值观的差异而造成的文化冲突。教师在准备与实施文化冲突策略的过程中要注意以下几个问题。

①选择适合于跨文化交际的教材，教材的内容必须有跨文化交际的特点。

②组织多种形式的教学活动和布置有挑战性的学习任务。

③教师本人要作为冲突的创造者，用“反论”的办法与学生的观点产生对立，激发学生与教师辩论。

④教师往往无法充分预计课堂跨文化交际中出现的冲突，在组织教学中随机应变就很重要。

文化冲突教学策略反映了跨文化交际的特点，化解冲突就是语言文化学习的过程，这种策略把学生的本民族文化和目的文化通过语言有机地结合起来。这种策略更利于建立平等合作的师生关系。该教学策略要求教师具有很强的组织能力，对可能发生的交际问题要有充分的准备和灵活的应变能力。文化虽然存在诸多不同点，但是，教师可以尝试运用相同领域的内容作为媒介，比如，大家都喜欢哈利·波特，都喜欢古典音乐，都喜欢足球等等话题，立刻就可以拉近不同文化的人的距离以便于进行跨文化交际，这样就用同一种媒介来让冲突对象有共通的平台和共同的话题，以便互相交流。这也是跨文化交际教学策略直接能够见效的一种方法。

十一、文化研究

文化研究教学策略是以研究和调查形式为主的学习，包括六个步骤。

① 提出文化研究课题。

②选取所需信息和资料来回答确定的研究问题。

③决定搜集文化信息与资料的方法。

④处理原始资料并将其整理归纳，以便分析解释。

⑤分析归类的信息与资料并从中找出答案。

⑥总结分析并建议给出一个回答所研究的问题的答案。

文化研究教学策略主要适用于以下情况。

①当学生学习的文化课题有相当的深度和难度，仅仅依靠以教师为中心的文化讲座无法达到预期目标，采用其他的策略也受到一定程度的限制时。

②当学生在学习过程中对某个问题产生强烈兴趣并对此产生了截然不同的假设和论点，为了澄清学生的观点，让大家全面了解这一问题时。

③当教师期望学生有效地利用课外时间，巩固加强学生学习语言文化的成果，激励其学习积极性时。

④当教师期望学生不仅在跨文化交际技巧方面有所提高，而且在综合能力，包括研究技巧、研究方法、互相合作和探索精神等方面也有所提高时。

文化研究促进了学生对语言和文化关系的深刻理解，调动了学生的学习积极性。研究的过程会使学生意识到过去所学知识的重要性，同时也有利于听、说、读、写四项语言技能的全面发展。在文化研究的过程中教师要给予学生有力的指导，鼓励学生完成这项极具挑战性的学习任务。

十二、关键事件分析

教学中可以重点关注文化的关键差异。关键事件是指在某一情境中出现的，由于交际双方的文化差异所导致的误解、问题或者冲突。关键事件只描述发生的事情，提供交际各方的感受和反应，并不解释在此情境中交际各方的文化差异，学习者通过观察思考，自己发现文化差异。使用关键事件策略的目的是使学生经历各种各样的，在与另一文化的人们交际时或是在适应另一文化时可能遇到的困难问题和冲突情境。

教学中关键事件策略可以有不同的变化，可以把几个事件组合起来说明一个概念或过程。

采用关键事件分析教学策略的目的如下。

①使学习者意识到自己对关键事件中人物的行为、态度和反应的理解和解释是特殊的而且由母语文化决定的。

②分享、比较并且分析学习者们不同的解释和理解。

③澄清关键事件中可能导致误解、问题和冲突发生的文化差异。

④澄清关键事件中影响到学习者和关键事件中人物的不同解释和理解的文化差异。

⑤帮助学习者了解来自不同文化的人们存在差异，不同文化之间也存在差异。

⑥帮助学习者了解在相似情境中，什么才是得体而有效的行为。

⑦使学习者意识到自己该学什么，增强他们继续学习的动机。

⑧为学习者参加培养解决跨文化冲突能力的角色扮演做好准备。

教师在设计关键事件的时候，要注意以下几个问题。

①确定关键事件中的主要角色。

②提供足够的背景知识。

③必要时，暗示关键事件发生的时间和地点。

④简要描述事件发生的顺序。

⑤描述来自关键事件中人物所在文化的人们会怎样做，他们的感受、想法和行动。

⑥在条件合适的情况下，描述一下来自其他文化的人们会怎么做。

十三、角色扮演

角色扮演是语言技能课堂上常用的教学策略，也是重要的文化教学策略。通常由两名或两名以上学习者参加，他们为了完成特定的目标而分别扮演不同的角色，然后在教师及其他学习者面前表演出来。没有参加角色扮演的学习者的任务是作观众来观察并发现学习目标规定的某些问题。角色扮演活动中真正的表演时间一般只有 5~7 分钟，而准备的时间通常很长，有时可以达到一小时。角色扮演的主题可以是与来自其他文化的人第一次见面、进行国际谈判、在某一个你不熟悉的文化场景中拒绝别人，等等。

角色扮演的脚本应该清楚简洁，具有趣味性和戏剧的张力，而且结局应该是开放式的，采用日常生活工作或社交场景中使用的语言。

角色扮演在文化教学中的优势如下。

①使参与的学生在人际交往的场景中清楚地了解相关技能，以及有效的和无效的行为所产生的影响。

②教师可以通过参与表演的小组对有效和无效行为予以更多的控制。

③使参与表演的学生有机会在真实的场景中尝试使用和巩固新技能。

④参与者有机会感受另一个角色。

⑤有助于提高学习者的学习兴趣。

角色扮演的实施过程如下。

①向学生说明角色扮演的目的是使他们练习使用某一策略，鼓励他们尝试新的活动。

②向学生描述角色扮演发生的情景。

③确定参与表演的学生，可以由学生自愿参加或者由教师指定，给每个参与的学生提供所需的背景知识，给他们足够的时间做准备。

④指导参与表演的学生做好准备工作。

⑤给观看角色扮演的学生分配学习任务。

⑥布置好表演场地。

⑦开始表演之后要做笔记，记录下表演者说的要点，以便之后开展讨论。

⑧表演结束后，请观众们思考，在相似的情境中，有没有其他的解决问题的方法。

⑨请学生回答一系列的问题，目的在于使学生能够描述角色扮演中呈现的问题，给学生思考运用其他策略的机会。

十四、案例分析

案例分析教学法创始于美国哈佛工商管理学院，起初于管理教育和培训中，后来被其他学科广泛采用，外语教学也借鉴了这一方法，并将此法应用于文化教学中。应用案例分析法通常是选择一段文字，描述某一个真实的情景并提供足够的细节，以便学习者能够分析其中的问题并决定可能解决问题的方法。

与关键事件不同，案例分析可能包含几个事件、几个人物，而且对事件发生的情景的描述更细致。案例分析通常会留下亟待解决的问题供学生思考。

案例分析教学法可以通过以下步骤实施。

①把案例分析材料分发给每个学生，让他们独立思考；或者以小组为单位分发材料，让他们集体协作，可以要求他们从不同角色的角度分析问题。

②把小组活动的任务分配给组内不同成员，比如，有的人负责记录小组讨论内容，有的人负责做小组报告。

③小组报告之后，带领学生进入经验学习阶段，即让学生回忆自己的亲身经历，总结自己从案例和小组讨论中得到的结论，并能够应用于实际的跨文化交际场景中。

文化教学中采用案例分析法的优势如下。

①案例分析反映了真实的跨文化交际的场景，表明这是一个复杂的过程，并不是像它看起来那样简单。它鼓励学生向“唯一正确的”或“唯一的途径”等概念提出质疑。

②案例分析帮助学生权衡影响跨文化交际中的各个因素的地位。

③帮助学习者发现并解决那些由于文化的差异所导致的问题。

④培养学生解决问题的不同途径和策略。

⑤解决问题的方法是基于不同的文化视角提出的。

⑥在案例分析过程中的分析、讨论以及辩论，使学生集思广益、取长补短，扩展了知识面，获得了很大收获。

案例分析教学的成功与否，取决于教师和学生的素质，以及所提供案例的质量。只有这三个方面的有机结合才能创造和谐融洽的学习气氛，产生良好的学习效果。

十五、文化创新

（一）文化渗透

文化渗透即将文化因素渗透到语言教学的过程中，以文化讲解保证语言教学顺利进行。本方法与前面提到的文化讲座教学策略很相似。

（二）文化旁白

文化旁白是指上语言课或其他课程时就有关内容加以文化的介绍和讨论。本方法实际上是结合了文化讲座和文化讨论两个策略。

（三）文学作品分析

文学作品分析是利用文学作品培养学生分析推断能力的培养。对一般背景知识以及对文化特殊背景知识的了解可以帮助读者做出有效的判断，从而更好地理解文学作品的内容和意义。大量阅读文学作品可以丰富读者的写作知识，了解目的语的篇章布局和文体特点，熟悉目的语的思维方式，锻炼推断和分析问题的能力。该方法结合了文化合作、文化研究、文化讨论和文化欣赏等教学策略。

（四）文化片段

文化片段包括三个部分：一篇短文，描述跨文化交际中一个引起冲突或误解的具体事件，这一事件会使缺乏跨文化经验的学习者感到明显的困惑；以多项选择的方式对这一事件做出解释；由学生选出正确答案。该方法结合了文化谜语和文化研究的策略。

（五）文化包

一段文字、一组图片或实物，介绍和解释目的文化与母语文化差异的一个具体侧面。该方法强调了学生的中心地位，结合了文化欣赏和文化表演等教学策略。

（六）文化丛

文化丛由几个同一中心主题的文化包组成。该方法结合了文化欣赏、文化表演等策略。

（七）文化多棱镜

人们对同一文化现象的看法各不相同，就像一个多棱镜，反射出同一事物的不同影像。文化多棱镜可以通过辩论、角色扮演、调查采访等方式实现。该方法综合了文化冲突、文化研究和文化表演等策略。

（八）人种学方法训练

即让学习者身临其境地观察和参与并对目标文化进行描写和概括。可以通过参与观察、访谈等方式搜集材料。该方法结合了文化交流、文化研究等策略。

以上是外语教学中常见的一些文化教学策略，它们各有优缺点和各自适用的范围。在语言教学中，教师可以采用一种或者几种策略的结合来开展文化教学。同时，选择教学策略时要考虑学生的语言水平、个性特征、教学内容、课时安排、教学条件、教师素质等主客观因素的影响，以便收到最佳的教学效果。

第六节　塑造英语跨文化交际的个性人格

众所周知，人类对万物、对自己的认知总是由表及里、从知之甚少到知之甚多，并在不断地认知的过程中，渐渐地改变着自己、成长着自己，从而人类的文明会走向一个人类社会的理想状态即世界大同。跨文化交际，无论发生在什么领域，也不管发生在什么层面，都涉及具体的人与人的交往。换言之，就交际而言，不管你代表的是谁，参与者必定是具体的人。随着跨文化交往的增多，具体的参与者从每次的交往中，无论是成功还是失败，自然就会总结经验与教训，有所收益，不断地调整着自己，从而达到跨文化功能健全、心理健康、跨文化身份形成，最终成功地塑造出体现自己内心成长的跨文化人格。

在不熟悉的环境中，人往往会本能地、竭力地想弄清楚当地的行事规则、习惯、要求等，以便调整自己的行为和合理地解读他人的行为。具有跨文化人格的人应该说就达到了这一努力的结果，表现出了健全的功能，在遇见来自环境的外来挑战时，表现出处事得体的内在能力。这种健全的功能，就是我们通常所说的某人“很适应”某种环境，具备顺利地完成日常行为各项活动的能力，并感到心情舒畅。这显然与跨文化交际能力及交际过程直接相关。这种交际能力是能够把握整个环境的需求并理想地满足与融合的个体的能力。

跨文化交际的双方间的主观意义系统的一致性，是跨文化交际功能日益健全的主要体现。功能健全的个人对异文化和交际模式的观察不仅比较清楚，而且比较客观，并具有较宽的视野和分辨性。除了观察能力的提高，功能健全者还表现为随心所欲地与异文化的人们进行感情与审美层次的交往，并随时根据具体场合有效地、创新性地进行行为调整。成功的交际的标准之一是对整个模式、构成成分能够融合、合成、顺畅地相互适应，以便在交际过程中，没有人觉得负担过重或无所事事，于是，信息的交流达到高效、清楚、经济和时间把握得当。

评估陌生人的主观意义是否一致的方法在于，观察他们与当地人的交往，评估他们交往的顺畅性，并取得陌生人对自己的评价以及当地人对陌生人的评价，检验陌生人与当地人的观察内容的相关性。健全的功能的高级状态进一步体现了“最佳交际的能力”，在具体的异文化环境中，自我做主不是简单地受当地的行事规则所束缚而是具备游刃有余的交际能力。

随着功能的健全化，跨文化交际者的心理也逐步趋向健康，每个人的认知能力、情感能力和操作能力越来越强，更加和谐。

伴随着功能的健全和心理的健康而来的是身份的出现。跨文化身份具有复杂的结构与丰富的内涵。跨文化身份不同于形成于源文化背景的单一身份，而是超出了源文化的范围。跨文化身份是陌生人在一个新的文化环境与当地人不断交往的过程中渐渐成型的。跨文化身份与格瑞特温特（Grotevant）的外来身份或菲内（Phinney）的获得的身份相一致。由于人性的共同性与同一性，人类虽说不同语言，但也可以互相沟通与理解。随着互联网的普及，不同文化背景人们交往的增多，人们在跨文化转化的过程中对他人更富于同情心与敏感性，在不同的竞争之中寻到共同点和互补性。

跨文化身份赋予了个人以一种特殊的自由与创意，即一种面对具体场景能够突破常规制约的随意行动的能力。跨文化身份的形成与人类成熟的两大特点相一致，即精神融合和客观性。成熟的人主要表现在两个方面：高度的内在和谐和对自己保持不偏不倚的超然态度。在跨文化转变中，陌生人努力把自己从原先的地方文化观念的无形束缚中摆脱出来。这是一个悄然演进的过程，充满荆棘与挑战。不容置疑的是，跨文化人格是在无数次的大大小小的内心危机后才赢得的。但一旦获得就代表了高度的精神进化。在这个过程中，普通人挣扎着要从对自己和他人的生物与社会分类中冒出来：当个人在两种或两种以上的语言与文化中很熟练，并朝能包容多个群体的广泛的群体身份方向移动时，他们就能对不同的哲学和意识系统做出客观比较。

总之，跨文化人格的出现是对自己、他人和整个世界的特殊导向。个人的成长是通过广泛性地积累文化、压力、适应、成长等经历而获得的。由此可见，跨文化人格的形成是在历经艰难，在跨越文化界线的自我与他人身上寻求真实性的结果。

第六章　跨文化视域下的英语教学改革与发展

第一节　跨文化视域下的英语教学改革

一、教学观念的改革

培养学生的听、说、读、写、译能力一直都是英语教学的目标。但在多元文化的理念下，英语教学的目标有所改变。在这一理念下，英语教学的目标是培养学生的语言综合应用能力，尤其是学生听说能力的培养，使他们在今后的工作和社会交往中能用英语顺利地进行口头和书面的交流，同时培养学生的自主学习能力，增强学生的综合文化素养。所以，英语教学的改革首先应该在观念上改革，观念上的改革要实现两方面的改革：一是教学目标的改革，即要从原来的以阅读为主向以听说为主转变，提高学生的综合运用能力；二是教学主体的改革，即教学主体要从以教师为主向以学生为主体转变。

（一）教学目标的改革

改革教学目标的必要性和重要性是不言而喻的。自改革开放以来，社会对人才的需求不断发生变化，英语教学目标也不断进行调整。

很多学者强调过，英语教学应加大口语和写作教学的力度，在教学观念上切实做到从知识的传授转向能力的培养。实际上，教学中的知识传授与能力的培养并不是完全独立、截然分开的，而是相辅相成、融为一体的。英语知识并非单纯的语音、词汇和语法知识，还包含各类文化知识以及学生从自身体验中获取的经验形态的知识等，英语知识是一个既综合又统一的系统。许多学校都强调以培养学生的综合应用能力为目标，但这并不意味着知识的传授无关紧要，相反，知识的传授是实现目标的重要途径和手段，如果没有知识的传授，教学目标也只是空谈。因为学习任何一门语言都需要知识来做基础，如果没有知识这一基础，运用也就不可能生成。只有学习和掌握一定的基础知识，将知识内化为稳定的内在素质，形成一定的素质结构，综合运用语言的能力才有可能产生。所以，在改革教学观念的过程中，首先要处理好知识、能力、素质这三者之间的关系，并认识到知识的学习是基础，能力的培养是关键，学生综合素质的提高是目的。

虽然诸多学者都强调听说能力的培养，但这并不意味着就要忽略读写能力的培养。在语言学习的过程中，需要大量的语言输入，并通过内部系统的加工，进一步转化为一定程度的外部语言，其中阅读就是信息输入的重要途径，如果没有大量的阅读，也就不可能提高英语的口语能力。所以，英语中的听、说、读、写、译五项技能是紧密相连、相辅相成的有机整体，在强调听说能力培养的同时，要注重读、写、译能力的培养。

（二）教学主体的改革

众所周知，在传统的英语教学中，教师一直占据着课堂的主体地位，扮演着演员的角色；而学生只是被动的接受者，扮演的只是观众的角色，在课堂上不需要进行太多的思考、分析、判断、总结，而这些都由教师来完成。这种状态下的教学是机械地背诵和记忆的过程，学习也是静止的。这种以教师为中心的教学不仅挫伤了学生学习的积极性，使学生不能在课堂上保持一个很好的精神状态，而且还使学生逐渐养成了对教师依赖的不良习惯，不能积极地进行自主学习。这样的教学不但不能明确学生的主体地位，还会使学生丧失语言实践的机会，最终只能使学生学到“哑巴英语”。

现代英语教学思想已经发生转变，从以教师为教学的主体已经向以学生为教学的主体转变。在这种转变下，教师不再扮演演员的角色，而是改为扮演导演的角色，主要组织、引导和指导学生的学习；学生成为教学活动的主体，是教学活动的出发点，位于教学活动的中心地位。在以学生为主体的教学中，教师不仅要教授学生关于语言学习的规律和方法，更重要的是引导和启发学生积极地思考，培养学生主动获取知识的能力和自主学习能力，切实做到整个教学活动以学生为中心。

在以学生为主体的教学理念下，“学教并重”教学模式和“主导—主体”教学模式被提了出来，并受到人们的重视。“学教并重”，就是既重视教师的教，也重视学生的学，也就是在教师教的基础上，以学生为中心，培养学生的综合语言能力。教学中虽然突出学生的主体地位，但并不意味着教师的作用就可以忽略，只有在教师教的基础上，才有可能提高学生的自主学习能力。“主导—主体”中的“主导”指的是教师的主导作用，“主体”指的是学生的认知主体作用，这一教学模式强调，在教学中既要发挥教师的主导作用，又要体现学生的认知主体作用。

二、教学内容的改革

教学内容的改革可以从以下两个方面着手。

（一）帮助学生构建个性化的英语语言体系

英语教学改革的主要目的之一就是提高学生内化英语的语言能力。输入和输出是语言学习的两个方面，就外语而言，包括听、说、读、写、译五项基本技能。针对中国学生而言，阅读就是翻译，或者说翻译是阅读理解的一种外化形式。这五项基本技能密切联系，相辅相成，相互统一，而支配这五种技能的就是笼统而庞大的英语语言体系。

英语语言体系指的是由语音、词汇、语法、文化、语境等要素构成的有机系统。多数人都认为，研究和掌握语言体系应是英语语言学家、语法学家或教师的任务。实际上，语言体系存在于每一个语言使用者中。针对某一具体语言而言，既有广义的语言体系，又有狭义的语言体系。日常的交际中，人们都是以广义的语言体系为背景，用各自的个性化语言来进行交际。而语言学习就是学习者构建个性化语言体系的过程。所以，英语教学应帮助学生构建自己的个性化的英语语言体系，这也是英语教学的主要内容。教师也就要在具体的教学过程中，全面、细致地揭示语言体系的要素以及各要素之间的关系，并指导和帮助学生加以掌握；使学生在听、说、读、写、译等语言实践中理解、体验和验证英语语言体系以及体系、各要素之间的有机联系，进而使学生实现语言知识的内化，使学生掌握灵活运用语言的能力。

（二）注重教学内容的更新

当今社会不断进步，科技不断创新飞跃，知识呈现出“爆炸性”的增长，与之密切相关的教学内容也要不断更新和发展。在这一大环境下，英语教学内容的改革和更新首先要注意教学内容的外延式更新与内涵式更新相结合，也就是说要重视学得与习得的相结合。所谓外延更新，就是通过增加教学时数、课程门数、教学容量等手段更新教学内容。如果缺乏足够的语言信息输入，那么大量的语言信息输出也就不可能实现。大量的语言输入以及良好的学习环境对外语学习来讲十分重要。增加教学内容的数量与容量，就是为学生创造一个良好的语言环境，使学生在英语的海洋中遨游，让学生自然地吸收语言。但外延式更新还不足以提高学生的语言能力，还需要内涵式更新。所谓内涵式更新是指将知识分割、分解，按照教学培养目标和一定的思想逻辑，合理地重组优化，缓解个体接受时的压力。内涵式更新注重语言知识在整体上融会贯通的能力，重点从存在于语言表达内部的规律、知识之间的内在联系、构建完整的知识结构体系的角度来进行更新。外延式更新与内涵式更新两者紧密结合，才能使学生的整体语言素质得到真正意义上的提高。因为如果没有足够的词汇量，流畅的表达也就不可能实现，但只注重量的积累，而不将知识内化为运用外语思维进行表达的能力，其结果也只能是使学生变为储存单词的容器。

三、教学方法的改革

英语教学改革的关键环节之一就是善用最优的教学方法。运用于英语教学中的教学方法有很多种，如语法—翻译法、直接法、听说法、认知法、交际法、自然法、暗示法等，每一种教学方法都对英语教学的理论和实践的发展做出了重要的贡献。这些教学方法都是不同时期不同教学理论的产物，一方面丰富和充实了英语教学的体系，另一方面又过分强调了某一侧面，各有所长，又各有缺陷。

近年来，一些国外的教学方法开始引进到我国，这些新的教学方法在为我国英语教学注入了新的活力的同时，也拓展了我国英语教师的视野。广大教师也开始积极地投身到教学方法的改革、研究和实践中。但在积极实践国外引进的教学方法的同时，许多教师感觉心有余而力不足，这就使得英语教学的研究和实践陷入新的困境。这也要求教师在面对不断更新的教学方法时，必须保持清醒的头脑，不能为了赶时髦而盲目推崇某一种教学方法，不能摒弃那些行之有效的教学方法。教师应根据教学和学生的具体情况，综合采用各种教学方法中最为行之有效的部分。

（一）采用多种教学方法，启发学生思维

生动活泼的课堂教学对于学生来讲，更容易吸引他们的注意力，也更容易使其全身心地投入课堂学习当中，因此作为课堂教学的主导者，教师应根据教材的不同内容，选用各种教学方法，调动学生的积极性，激发学生积极思维，提高学习效率。例如，在教授一篇介绍英国伦敦的文章时，由于文章内容比较简单，大多数学生经过预习后都能够看懂，如果单纯地按照课文的顺序平铺直叙地讲解，根本不能激发学生的积极性，也很容易造成学生注意力的分散。因此，在讲授这样的文章时，教师可以利用一幅英国地图来简单介绍背景知识，以期首先集中学生的注意力，然后再转入课文，即对首都伦敦作介绍。在介绍课文时，教师也不能照本宣科，而应采用归纳法对有关伦敦的信息进行归纳总结，然后引导

学生对伦敦的情况进行逐步的分析。这样，既可以吸引学生的注意力，激发学生的兴趣，又能达到英语教学的目的。

（二）进行课堂提问，活跃课堂氛围，调动学生积极性

英语课是一门实践性极强的课程，如果缺乏大量的语言实践，掌握好语言知识是不可能的，提高运用语言进行交际的能力也就更无从谈起。而课堂提问这一重要教学手段，不仅可以激发学生的积极参与，还可以活跃课堂气氛，并能为学生提供语言实践的机会，达到不断提高英语教学水平的目的。因此，教师在课堂教学中要善用课堂提问这一手段。当然，在运用这一教学手段的同时，应注意以下几个方面的问题。

1. 了解学生的语言基础

教师教学的主要对象是学生，因此教师要对学生的情况有所了解，以做到因材施教，教师应该了解的学生的情况主要包括学生对知识的已掌握的情况，学生的知识水平以及学生的语言能力等。了解了学生的大体情况，教师在课堂教学以及课堂提问中，就能做到有针对性，可以针对难易不同的问题找不同的学生回答，进而在课堂上让每一个学生都有机会参与，让他们在活跃轻松的课堂氛围下学习。例如，对于一些目的在于检查学生对所学材料的理解和掌握程度的问题，可以提问一些语言基础较差的学生，如果这些学生能顺利回答，则说明全班大部分学生对所讲的内容已经基本掌握。对于一些具有创造和扩展性的问题，可以让语言基础比较好的学生来回答，因为要回答这类问题需具有一定的口头表达能力和语言综合能力。同时，在提问的过程中不要冷落那些学习一般的学生，对于这类学生，教师可以为他们准备一些较为简单的判断题，或是一些可以在书本中直接找到答案的问题，以树立他们的自信心，激发他们学习的兴趣。

2. 采用启发式教学方法

在课堂教学中，教师首先要注意采用启发式的教学方式，以激发学生学习的积极性，调动学生的主观能动性，唤起学生的求知欲，引发学生产生疑问，提出问题，促使学生积极思考，使学生置身于教学活动当中，进而培养学生思考问题和分析问题的能力。同时，为了使学生完全掌握课堂教学的内容，教师要对教学中的各个环节进行缜密的思考，安排好课堂教学的各个步骤和细节，并且要预估计教学活动的发展情况，为可能出现的各种问题做好充分的思想准备。

3. 正确对待学生的错误

在语言的交流过程中，学生出现错误是不可避免的，如何对待学习过程中学生出现的

错误，存在着不同的观点。行为主义心理学认为，语言学习是个刺激—反应的训练，应有错必纠，以便形成正确的使用语言的动力定型。功能派心理学认为，学生在使用语言进行交流的时候，出现错误是很正常的现象，这种错误的出现属于不完善语言向完善语言的过渡，没有必要纠正，在以后的语言交际活动中，这类错误会逐渐纠正，在不影响整体理解的前提下，可大胆放手。针对上述两种观点，在学生语言交流过程中，教师应尽量避免过多纠正学生出现的错误。如果学生的交际不断地被教师打断，学生就会产生心理负担，积极性也会受挫，进而产生自卑感。所以，我们主张，对于学生一些不影响交际和理解的错误，教师应采取宽容的态度，不要纠错。对于影响交际和理解的错误，教师应视具体情况加以引导。为了避免打击学生的积极性，教师还可以采用自由纠正的方法来对待学生的错误，即让学生意识到自己的错误，然后由学生自己纠正错误。

（三）通过英语游戏、英语竞赛的方法激发学生的兴趣

经心理学家证实，兴趣在学生的学习中扮演着重要的角色，兴趣往往成为学生乐于刻苦钻研、勇于攻克难点的强大动力。因此，教师在教学过程中，应始终重视如何激发学生兴趣这一问题。教师可在教学中采用英语游戏和英语竞赛的形式激发学生兴趣，因为英语游戏和英语竞赛能有效增加学生学习英语的兴趣和信心，有利于培养学生开口讲英语的习惯和能力，而且有助于促进学生积极思维。同时，游戏可以缓解、活跃课堂气氛，消除学生的疲劳感，形成轻松和谐的课堂氛围。

此外，教师可以充分利用课前、课间休息或临下课几分钟时间，在这些时间里为学生播放一些优美的英语歌曲，并把留有空格的歌词印发给学生，让学生填空。这样不仅可以活跃气氛，消除学生的疲劳，还能训练学生英语听力和英语语音。

从本质上来看，英语教学的过程就是教师引导学生利用语言进行交际的过程，因此教师要严格要求自己，要以自己满腔的热情、充沛的精力以及认真的态度去感染学生，使学生积极地参与各种活动，最终达到交际的目的。

第二节　跨文化视域下的英语教学发展

一、重视多媒体教学

在英语教学中，许多教师都已经认识到多媒体技术的重要性。然而，要利用多媒体技

术实现英语课堂教学中教育理念、教学内容和教学方法体系上的全面突破，需要建立在英语教学中应用多媒体技术的基本理念。以多媒体技术为手段，实现教学资源、教学过程、教学效果的优化是创设真实环境的最佳途径，教师可以对声音、动画、图像、色彩等进行组合和运用，增强教学的形象性和直观性，从而有效帮助学生对英语国家的文化有一个真实的了解和感受。

（一）利用多媒体创造学生运用语言的情境

英语教学的目的是培养学生运用英语的能力，这种语言交际能力和技能的获得，必须通过大量反复的语言实践。实践的最好途径是将学生置于一定的语言环境中练习、运用语言，而一般的中国学生学习英语，缺乏真实的语言环境，缺乏充分的语言输入。传统的教学方法也无法充分地做到这一点。而多媒体技术通过设计与教学内容相关的图文声像并茂、形式活泼的情境，创造出有利于学生探索、发现、搜集和分析情境中的相关知识，从而使学生在英语学习的过程中，受到各种感官刺激，有效提高语言运用能力。

（二）突出学生的学习主体地位

学生是学习活动的主体，学生学习的能动性和主动性应该得到充分的发挥。多媒体技术的应用为调动学生的学习积极性，发挥他们的主体作用提供了条件。多媒体充分利用文、声、图等多种手段，为学生提供虚拟课堂讨论、角色扮演、游戏、实际实习和反馈等多种方式，让学生能动地、主动地、积极地参与学习。另外，学生可以通过网络上的资源训练英语听力、选择合适的英语精读与泛读材料、与外国人直接交谈等。可见，多媒体技术的运用有利于突出学生的主体地位，在未来的英语教学中，教师应该全力发挥多媒体技术的这一优势。

（三）因材施教，鼓励个性发展

教师面向的全体学生是由不同特点的个体所组成的，在以往的教学过程中很难实现真正的因材施教。而多媒体技术的应用则使因材施教变得可能，为发展学生的个性提供了更大的空间。首先，多媒体技术的运用降低了学生在传统教室里的那种束缚感，减少了师生交流的距离感，有利于教师对学生进行指导。其次，在多媒体教学下，丰富多彩的人机交互方式使学习的过程不再呆板枯燥，而是妙趣横生。学生学习英语的兴趣被极大地激发起来，并且可以根据个人的基础或根据教师和计算机测试后提出的建议，自主地决定学习进程和学习策略。换句话说，学生学习英语由被动接受转变为主动参与。

（四）养成良好的学习行为，为终身学习打下基础

多媒体教学为学生创造了更多的课堂讨论、角色扮演、游戏等机会，学生之间的交互作用加强。教师应使每个学生都积极参与，主动交流，相互吸收，使他们学会合作，学会共处，有效地培养学生的协作精神与合作能力。由于多媒体技术在教学中的应用，学生得到了更多的合作机会和主动学习的机会，这有利于培养学生的合作精神与主动学习精神。此外，在科技飞速发展、知识急速增长的社会中，任何人想要跟上时代的步伐，就必须不断学习新的劳动技能，而终身学习是达到这一目的的唯一途径。主动学习的精神和善于学习的方法对具有终身学习观的人来说是不可或缺的，而多媒体和网络的存在为实现终身学习提供了巨大的便利。在英语教学中，教师应该指导学生使用好互联网这个工具，为学生学习英语创造完全自由、自主的空间，激发学生自主学习的机会，培养学生良好的学习自觉性、自主性和创造能力。

（五）营造文化氛围

众所周知，语言的使用是在一定的社会环境中进行的。建构主义认为，人是知识的建构者和积极探索者，知识的建构需要人与环境的交互才能完成。创设情境是建构意义的必然前提，尤其是真实情境的创建。教师应该创设信息丰富的环境，为学生提供更为真实的语言情境和语言信息输入，使学生能够真实、自然地学习语言。多媒体技术的发展为建构主义学习理论的推行和实施创设了良好的环境。

由于多媒体技术具有传输量大、信息容量大、效率高等特点，因此在课堂教学中，运用多媒体技术能够使信息展示的方式更具多模态化，能在有限的时间内为学生提供更大容量的学习资源。这是目的语文化输入的重要和有效途径。同时，当学生置身于真实的情境中，能够亲身体验目的语文化的美，体验目的语文化的新奇和快乐，在体验中增强对目的语文化的理解和认知，从而激发学生学习目的语文化的积极性和主动性。也就是说，学生在快乐学习目的语文化的同时提升了自己的跨文化交际能力。

另外，教师可以让学生参与一些“暑假英语夏令营”“英语学习示范中心”等活动，这是英语学习的第二平台，能使学生将课堂上学习的知识运用到具体实践中，提升其跨文化交际能力和英语应用能力。

二、重视课外教学

（一）课外教学的原则

1. 循序渐进原则

设置英语课外活动应坚持循序渐进、先易后难、先少后多的原则。具体来说，课外活动刚开始的时候，形式和内容都应比较简单。随着活动的开展，逐渐加大内容的难度，形式也逐渐多样化。学生通过克服不同程度的困难，完成不同形式的任务，会享受到成功的喜悦，并逐渐树立起自信心。如果一开始学生就因过于复杂的课外活动受到挫折，他们很难感觉到成功带来的喜悦，也就会很快失去信心，丧失主动性，甚至产生自卑的心理。这样就违背了设计英语课外活动初衷，也不利于学生的身心发展。

2. 因材施教原则

传统的课堂教学只能保证大多数学生学习大体相同的知识和技能，但难以兼顾每个学生的具体情况。例如，有些学生性格内向、胆小、害羞、不善言辞，即使有某种特长，也难以表现和发挥。而英语课外活动比课堂教学的内容更丰富、形式更多样，因此英语课外活动应弥补课堂教学的这一缺陷，采取各种措施，使每个学生的潜能都得到发掘。例如，学校可以根据实际情况举办多种形式的英语晚会，如讲故事、唱英文歌、表演对话等。在具体的活动中，尽量保证每个学生都有展示自己才能的机会。

3. 自愿参加原则

英语课堂教学具有一定的强制性，要求每名学生都必须按规定上课。而课外活动则不具备强制性，教师不能强迫学生参加，应本着学生自愿的原则进行。学生自己或者在教师的帮助下设置各种课外活动项目，一定要不同于教学计划中所设置的各个必修和选修科目，学生才有主动选择性，他们可以根据自己的爱好等实际情况选择课外活动项目。

4. 与课堂教学相结合原则

英语教学的基本组织形式就是课堂教学，而且学生的英语基础知识也主要是通过课堂教学来掌握的。而英语课外活动则是课堂教学的延伸和补充，旨在巩固课堂上所获得的知识和进一步发展学生听、说、读、写各项基本技能，培养学生英语实际运用的能力。因此，教师组织学生进行课外活动时，应注意将课外活动和课堂教学实际紧密联系起来，以课堂教学为基础，传递新知识、新信息，拓宽学生视野，扩大知识领域。例如，在学习美国文学时，教师可以首先通过生动活泼的形式介绍美国的历史、文化背景、风俗习惯等，激发学生的兴趣和热情，使学生在轻松愉快的环境里学习课堂上的知识。

5. 思想性与趣味性相结合原则

在课堂之外实施各种形式的英语课外活动应具有高度的思想性，寓德育于课外活动中。英语课外活动应该健康向上，这样才有利于学生思想品德的提高。同时，各种课外活动应该富有趣味性内容，通过饶有趣味的各种课外活动，引发学生的好奇心，激发他们的兴趣，吸引他们参加到活动中来。例如，在开展小学英语课外活动时，做多种多样的英语游戏，把语言知识的学习与英语语言技能的训练有机地结合在一起，既可以激发学生的兴趣和求知欲，又可以训练学生灵活运用英语的能力，从而真正做到寓教于乐。总之，教师要根据学生不同的特点设置英语课外活动，以保证英语课外活动的形式、内容适合于不同学习特征和学习阶段的学生。

6. 及时总结与反馈原则

英语课外活动结束以后，应注意进行全面的总结，这对课外活动再次开展十分有利。总结的形式有很多种，如在各种形式的英语竞赛之后，算出成绩，排出名次，实行对优胜者进行奖励的政策。然后再由教师或评委认真总结，肯定成绩，做出表扬，同时指出存在的问题，纠正错误。此外，每次活动后，教师应对活动的开展情况做书面总结，总结经验教训，提出改进方法。

（二）课外教学的组织形式

1. 组织英语竞赛

英语竞赛是检测学生所学成效，同时激发学生英语学习热情的有效手段，是开展最为广泛的英语课外活动形式之一。竞赛的主要形式有朗读竞赛、讲演（讲故事）竞赛、歌咏竞赛、英语作文比赛等。

开展竞赛活动之前的动员工作很重要，尤其是对那些性格内向、胆小、容易害羞的学生，可以鼓励他们报名参加一些较为简单的课外活动，让他们在一次次的成功中逐渐树立起自信心，然后再参与复杂度和难度较高的活动。另外，在竞赛前，要向全体学生宣布竞赛的项目、日期和要求。在准备过程中，教师还应帮助学生选材、审稿，并进行辅导，以帮助他们克服缺点，提高运用英语的技巧。为了培养学生的组织管理能力，可以由学生轮流担任竞赛活动的主持等工作。竞赛会由学校领导主持，由教师组成评判委员会，并订出评分标准。比赛结束后，当即算出成绩，排出名次，奖励优胜者。授奖后由评委会进行总结，肯定成绩，指出存在的问题和今后努力的方向。

2. 学习报告会、学习经验交流会

英语学习报告会、学习经验交流会主要有以下几种形式。

①组织本校优秀学生介绍自己学习英语的方法，或者请本校的毕业生结合自己的工作实际介绍学习英语的经验。

②请本校和外校的优秀教师做有关英语学习技巧的报告。和优秀教师面对面交流，请他们解答学生提出的问题。

③经常邀请专家、学者、教授来学校做报告。

④请外籍教师到本校做有关英语国家的历史、地理、风俗习惯和学习工作生活等方面的报告。

英语学习报告会、学习经验交流会对端正学生学习态度，改进学生学习方法，开阔眼界，增进对英语国家人民的了解，提高学习效果都有很好的作用。

3. 会话小组

会话小组可有效提高学生的听说能力。活动可以每一两周开展一次，也可根据每个学校的实际情况而定。会话的题材要选择那些日常生活中十分熟悉的事情。设计会话的场合和情境时，应注意多样化。

会话小组活动的主要内容是英语游戏，英语游戏是发展口语技巧和巩固词汇、语法，训练发音的有效手段。英语游戏不仅是课外活动的主要形式，有时也可在课堂上应用，以缓和课堂上的紧张气氛，有助于消除学生的疲劳，还能激发学生的兴趣。通常英语游戏是带有比赛性质的，学生潜在的竞争意识可以促使他们积极思维，并有助于克服腼腆羞怯的心理障碍，从而确立他们的自信心。做游戏时，由提出游戏的学生用英语说明游戏的做法，接着就可以开始做了。下面介绍几种常见的英语游戏。

（1）记忆游戏

在讲桌上摆放一些学生用英文可以说出名字的东西，让一名学生到讲桌前仔细看看，并尽量记住所有的东西。然后让学生转过身，回答教师的问题："What's there on the table?"学生回答："There's a ball on the table. There's a book on the table."

这项游戏还可以逐步加深。例如，教师问："What do you see on the table?"学生说出他所见到的东西。然后教师再提问："What did you see on the table?"学生先要说出所看到的东西，然后再接着说出这些东西的位置。例如，"The pen is under the book. The book is between the pen and the cup.”教师再改变东西的位置，学生再说：“The pen was under the book and now the pen is on the book.”

（2）寻物

将参与游戏的学生分为两组。教师把几件东西放到平时不常放的地方，但要保证学生都要看得到。让学生考虑几分钟，然后每组学生轮流说出自己看到的东西，并说出东西所放的位置。例如：

There is a bag in the waste paper basket.

There is a hair brush on the floor.

There is a book on the top of the door.

There is a piece of bread on the recorder.

每说对一个句子，小组得一分。

（3）比谁快

将全组学生分为两队，相向而坐，两队之间相隔2~3米。假设共有20名学生，则甲队的第一名学生面向乙队的第10名学生，第2名面对第9名，依此类推。在两队之间的中心位置上放一小凳子，上面放一只球。

每个学生需充分集中注意力。当教师说No. Five时，两个队的第五名学生立即跃起，抢凳子上的球。抢得者为本队得一分。如不用基数词，也可用序数词。

（4）侦察

由一名参加活动的学生当“侦察兵”，他环顾四周，暗自确定一件物品，然后说：“I spy with my little eyes something beginning with…”（我侦察到一个东西，第一个字母是……）。然后，其他学生环顾四周，猜测可能的答案，依次向侦察兵提出。谁猜对了就当下一次的“侦察兵”。例如：

I spy with my little eyes something beginning with B.

A：Bed?　　Scout：No.

B：Book?　　No.

C：Box?　　No.

D：Bottle?　　No.

E：Bell?　　No.

F：Bookshelf?　　Yes.

（5）集体组句

将参加游戏的学生分为两组，同时将黑板分为两部分。每组在已学词汇的基础上造一个句子。每人在黑板上只许写一个词。事先规定造句的具体要求。游戏开始后，两组学生选出两名学生作为代表到黑板前，写上第一个词，然后回到座位上。接着下两个人到黑板前，写上句子的第二个词，以此类推。如果单词写错了，要叫该组下一个学生来改错。写完一个句子后，要让全组朗读这个句子。错误少的小组为优胜小组。

（6）用英语讲故事

学生围坐成一个圆圈。每名学生讲一句话，这些话要连成一个故事。一个人先起个头，下一个人接着讲，依次不断讲下去。谁犹豫时间过长，或讲的句子不接上文，或使故事中断，谁就算输。

要注意，所讲的内容应该是学生学过的内容，这样学生才能讲出有趣的故事，同时起到复习课文的作用。

4. 英语文艺会演

英语文艺会演的形式丰富多样且富有吸引力。英语文艺会演主要以班级或者年级为单位展开，其形式多种多样，包括英语歌曲演唱、英语课本剧演出、英语故事会、英语诗歌朗诵等。英语文艺演出的形式能极大地调动学生的积极性。例如，在英语歌曲演唱晚会前，每个学生都会进行精心的准备，布置场地、购买演出服装等。参赛的学生则会积极练习英语歌曲，学生在欣赏歌曲的同时，听说技能会得到很好的锻炼。此活动形式应与英语课外活动小组活动紧密结合起来。

5. 英语电影欣赏

随着多媒体在英语教学中的广泛应用，英语电影欣赏成为全面提高学生英语水平的重要途径之一，使学生摆脱了学习英语时的枯燥、单调。北京外国语大学朱维芳认为，英语电影教学这种教学方法能使文化内涵和语言很自然地结合在一起，能通过鲜活的语言、动人的故事描述等把社会价值观念等深层次的文化以一种大众都能接受的方式反映出来。

电影欣赏融听、说、读、写于一体，不但能够使学生在真实的语言环境中提高英语听说能力，培养学生用英语进行思维的能力，还能让学生直观地感受到英语国家的风俗习惯、地理知识、政治经济等，可以激发学生学习英语的兴趣。

英语电影的选择很关键，选择电影时应注意以下几点。

①影片中的发音应地道纯正，语调优美。

②电影内容要健康、积极向上，能够引导学生树立正确的人生观和价值观。可选择那

些获得奥斯卡奖项、根据文学名著改编的比较受欢迎的影片。

③影片的难易程度要适中，不要选择特殊语言现象太多的电影，如果含有过多方言和俚语，会增加学生理解电影内容的难度，使他们失去欣赏电影的兴趣。

④影片可根据所学的课文内容来选择，这样不仅可以降低电影的难度，而且有助于学生加深对课文的理解。

⑤所选择的影片要易于模仿和表演。

电影欣赏活动的形式有很多种，这里主要介绍以下几种方式。

①根据影片的精彩片段，进行角色扮演。每次活动之后，教师可以选取影片中的一段让学生自由分配角色进行表演，还可以让学生为影片编排不同的结局，然后做成小短剧来表演。通过这种方式，学生会积极地投入编排短剧的活动中，学到地道的英语口语表达法，并发现和纠正自己的发音。另外，学生可以从电影中学习经典语句。

②学生自由分小组进行讨论，交流心得体会，或者做影片介绍，轮流发言，锻炼英语听说能力。例如，在欣赏完《阿甘正传》后，学生分小组进行讨论，然后小组内每个成员轮流发言，讲一下自己对阿甘的命运的理解。

③根据电影串讲故事。教师可以每次播放一个小的片段，然后让学生分成小组，对影片的下一步发展进行预测并编成一个个的小故事。

请看以下实例：

Step 1：教师先播放电影《怪物史莱克》（Shrek）中 Shrek 和 Donkey 的一段精彩对白：

(at Shrek's swamp)

Donkey：You know you are quite a decorator. It's amazing what you've done with such a modest budget. I like that boulder.

That is a nice boulder. I guess you don't entertain much，do you?

Shrek：I like my privacy.

Donkey：You know，I do too. That's another thing we have in common. Like，I hate it when you got somebody in your face. You're trying to give them a hint，and they won't leave. There's that awkward silence，you know.

Shrek：(Looking ironically at Donkey)

Donkey：(embarrassed)... Can I stay with you?

Shrek：Uh，what?

Donkey：Can I stay with you，please?

Shrek：Of course!

Donkey：Really?

Shrek：No.

Donkey：Please! I don't wanna go back there! You don't know what it's like to be considered a freak. Well, maybe you do. But that's why we gotta stick together. You gotta let me stay! Please! Please!

Shrek：Okay! Okay! But one night only.

Donkey：Ah! Thank you!

Step 2：教师让学生自由分组、分配角色，练习台词，学生分角色进行表演。

根据上述课外活动形式，教师可根据实际课堂教学内容选择合适的课外活动，以补充课堂教学，切实提高学生的英语能力。

三、实施个性化教学

个性对学生的学习有非常重要的影响，因此教育教学应以个性为基本出发点。个性化教学的实质是寻求各种不同的变体和途径，按照各种不同的个人特点去实现一般的培养目标。个性化教学要求教师和学校管理者采用适合学生的教学，使他们在个性、社会性以及学术性等方面的成长均超过传统的非个性化教学。教师适应学生是学习过程的核心，而非传统的学生适应教师。因此，个性化教学并非教学的一种形式，而是可采用各种形式实现其个性发展培养目标。具体来说，在个性化教学实施过程中，教师要做到以下几点。

（一）尊重学生的不同个性

素质教育是我国现阶段大力提倡的教育观念，而学生的个性差异与素质教育有着不可分割的关系。简单来说，学生的个性与其素质的发展是相辅相成、密不可分的。一方面，学生的个性是随着个体素质的形成和发展而逐步形成和发展的；另一方面，学生的个性化对个体素质的发展产生了一定的影响。

个性是由一些稳定而持久的心理倾向性和心理特征所组成的，个性心理结构是一个复杂的多层次、多水平的统一系统。学生个性化过程中的心理倾向性、个性心理特征以及自我意识，对个体素质的发展起着至关重要的作用。素质教育应该包含在各个学科的教学中，因此在英语教学过程中，必须充分重视个性化对学生素质发展的影响，加强对学生的心理和品德教育，为全面提高学生素质创造良好的条件。

（二）尊重学生的自尊心理

在当代英语教学中，教师不仅要尊重学生的个性，还要尊重学生的自尊心理。

自尊（self-esteem）是人类行为中最有渗透性的方面，对人类行为具有十分重要的影响。甚至可以说，一个人没有一定程度的自尊、自信和对自己的了解，就无法进行任何成功的认知和情感活动。

自尊是指个人所做的并习惯性地保持的评价。自尊表达出赞同或反对的态度，表明个人对自己的能力、意义、成功和价值相信的程度。简单地说，自尊就是个人的价值判断，表现为个人对自己的态度。自尊是一种个人通过语言和其他明显的表达活动向别人传递的主观经验。

人们的自尊并不是与生俱来、固定不变的，其形成和发展变化都会受到外部因素的影响。人们的自尊来源于与自己和别人打交道的经验积累，来源于对周围世界的价值评估。成人的总体自尊相对比较稳定，一般不会改变，而处于成长期的青少年的总体自尊则会因为受到外部环境的影响而发生变化。同时，由于性格或认知特征在不同时候、不同情形下会有所变化，因此自尊被分成以下三个不同的层次。

第一层为总体自尊。

第二层为情境自尊或特别自尊，指一个人在某些特定场合，如社交、工作、教育、家庭等场合对自己的评价，或对某些单独定义的特征如智力、交际能力、运动能力或性格特征的自我评价。一个人自尊的程度往往依赖于具体的场合或所讨论的特征。

第三层是任务自尊，与特别情形中的特别任务相联系。

为了更好地理解自尊的以上三个层次，这里以教育领域为例进行解释：一个人的总体自尊是他对自己的接受能力和勤奋程度的评价；情境自尊是指他具体学习某一科目（如英语）时表现的自我评价；而任务自尊则可能指学习某一科目的某个方面，如口语、写作或听力的自我评价。

在我国，英语是一门外语，英语教学是一项跨文化教学活动，这就使学生的自尊心对其英语学习的效果具有更为重要的影响。另外，现代心理学研究表明，青少年的自尊心不仅十分强烈，而且十分敏感、脆弱。而学生恰好处于这一特殊时期，这就要求教师在与学生交往中，注意尊重、爱护和培养学生要求上进的自尊心。

综上所述，一个人的学习效果以及所取得的成就都受到其自尊心的重要影响。人的尊严来源于人的自尊，而教师对学生的尊重是学生自尊心的最重要来源。因此，在英语教学中，教师应该尊重学生的自尊心。任何一个学生都有成为教师所喜欢、欣赏的学生的美好愿望。即使学生身上存在这样那样的缺点，教师也不应该忽视他们、轻视他们，而要坚持认为他们是可教育的。

（三）尊重学生的学习成果

在英语教学中，教师采用个性化教学，还体现在尊重学生的学习成果上。尊重学生的学习成果，就是肯定、赏识学生的学习成果。

在英语教学过程中，教师要善于赞赏学生的学习成果，让学生在成功中增强自信，享受成功的快乐。在英语学习的过程中，学生总会或多或少地取得进步，获得一定的学习成果，如果教师总是认为这些学习进步和学习成果是学生应当取得的，而从不肯定、赞扬学生的进步与成果，就不利于学生对英语学习保持持久的兴趣，甚至会使学生对英语学习失去进取心，从而不利于英语教学效果的提高。

教师可以在课堂上以肯定、赞赏的语气或课堂评语来体现对学生的学习成果的尊重，如“你真会读书!”“你的感悟能力真强!”“你提的问题十分有价值!”“你的想法很有创意，老师也没想到。”这些语言虽然简单，但对学生而言很有意义，能鼓舞学生的斗志，增强学生自信，激发学生潜能，碰撞出学生创新思维的火花。如果教师能够经常肯定、赞扬学生的学习成果，学生必将受益终身。

每个学生身上都或多或少地蕴藏着闪光点，教师在教学中要善于挖掘学生身上的闪光点，平时多一些表扬，少一些批评；多一些鼓励，少一些责罚；遇到问题时不要总怪罪于学生。在英语教学中，教师应该多从自身找原因，要看到学生人人有才，但人无全才；对学生的要求不必太高，应帮助其扬长避短，达到人人成才的目的。

总之，在英语教学中，教师要采用个性化教学，就要充分尊重学生。尊重学生是为了教育，教育学生是为了发展。教师尊重学生，是一种人格上的尊重，也是一种教育尊重，更是从生命平等意义上讲的尊重。当然，教师充分尊重学生并不等于对学生没有严格要求，也不等于没有批评，更不是说教师要一味地迁就学生、溺爱学生，而是要在严格要求学生中处处尊重与信任学生，将对学生的尊重寓于对学生的严格要求之中。只有这样的尊重，才是对学生的真正尊重，也只有这样的教育才是卓有成效的教育。

四、倡导探究式学习

当代英语教学发展的另一趋势就是倡导在英语教学中实施探究式学习。探究式学习又称“探究性学习”“研究性学习”，指的是从学科领域或现实生活中选择和确立主题，在教学中创设类似于学术研究的情境，学生通过独立自主地发现问题、实验、操作、调查、收集与处理信息、表达与交流等探索活动，获得知识，培养能力，发展情感与态度，特别是发展探索精神与创新能力。这是一种积极的学习过程，强调学生的主动参与。在教学过程中，可采用以下方式来培养学生的探究式学习。

第一，时常鼓励和激励学生，培养学生发现问题的能力。必要的鼓励可使学生发现自己的价值和能力，因此在教学过程中，教师可以通过各种方式如合作、讨论等，鼓励学生仔细观察和思考问题，使学生发现知识和课题的趣味性，让学生形成自主学习的习惯，进而实现对语言综合运用能力的培养。

第二，创设亲近生活的情境，激活探究思维。在学习新的知识点时，教师需创设认知需要情境，将学生的思维引到新的学习背景当中，让他们感觉到学习是解决新问题的需要，进而使学生形成探究的意识，激活探究的思维。

第三，增强学科间的联系，帮助学生形成完整的知识结构。探究式学习是不同分科课程的有机综合，教师有必要加强不同学科之间的联系，培养学生科际整合的能力。

第三节 英语教学的创新实践

一、“生活即教育”思想在英语教学中的应用

（一）教学内容生活化——链接生活，活化教学内容

目前的初中英语教材内容贴近学生的生活和现代社会生活，如友谊、旅游、语言、音乐、卫生、体育、文化、戏剧、幽默、娱乐、节日，以及对未来的幻想等都易于引起学生的思想共鸣，具有较强的感染力。此外，教学内容生活化的关键在于教师灵活地、创造性地使用教材，教师应以学生为中心，重组教材，激活教材，超越教材，对教学内容进行扩展和补充。根据生活经验补充一些孩子们感到亲切、自然、容易接受的教学内容，使教学内容向学生的生活实际开放，培养学生的学习兴趣。

（二）教学过程生活化——模拟生活，活化教学过程

英语作为一门语言类学科，需要在生活中实际应用，所以教学过程生活化也显得尤为

重要。英语教学要立足学生的长远发展，增加学生与真实世界的对话与碰撞，让学生感受课本之外的自然、社会、人物等，唤醒学生对生活的热爱。如果离开了生活实践，脱离了学生的认知经验，语言就会缺少活力和创造性，我们的英语课堂更是如此。

1. **创设情境**

真实的英语情境能激起学生的学习兴趣，唤起学生的求知欲和好奇心，促使他们积极、主动地参与课堂交际活动，亲身体验语言学习的乐趣。教师在创设情境之前要善于就地取材，基于学生的生活经验和知识储备，创设真实的教学情境。将生活与教育联系起来，才能更好地进行教育。

案例一：新目标七年级下册 Unit 8 Is there a post office near here？第一课时的教学重点就是要求掌握有关建筑物和表示方位的单词和词组。在上这一课时，可以把学校附近的建筑物拍成图片，让学生在真实的环境中理解记忆 post office，police station，hotel，hospital，restaurant 和 across from，in front of，behind，next to，on the left，between…。学生身临其境地理解这些单词和词组的含义，枯燥乏味的教学内容一下子在这样生活化的课堂教学环境中就轻轻松松地掌握了。

2. **角色扮演**

角色扮演教学是通过创设、模拟英语教学素材中的情境，让学生按照与当前学习内容密切相关的情境分别扮演其中不同的角色，营造一种仿真的课堂氛围，把在情境中发生的实用语言和动作表达出来，使学生能设身处地去体验、去了解学习的内容和学习的要求，激发学生的求知欲，加深对语言知识的理解和运用，从而更好地完成教学任务。

案例二：新目标八年级上册 Unit 9 Can you come to my party？第一课时要求学生邀请别人参加自己的 party，培养学生与人沟通的能力。在本节课的新课呈现环节中，可以提前录制学生的活动视频，为学生创造真实的语言学习环境，让学生了解如何向别人发出邀请以及接受邀请的回答方式和委婉的拒绝方式。然后模仿视频中的对话进行角色表演，加深对语言的感悟，并适时地告诉学生在西方询问女士的年龄是不礼貌的。

3. **肢体语言**

肢体语言是传播信息和交流的重要工具，是通过身体的各种动作、举止和神态来代替有声语言。如果说眼睛是心灵的窗户，那么肢体就是情感的一面镜子。我们的情感可以通过肢体充分表达出来。适当的肢体动作相比于枯燥的语言能给学生以直观的感受，增强学生的记忆和理解。

案例三：新目标七年级下册 Unit 6 I' m watching TV. 第一课时，要求学生掌握 watching TV，cleaning，reading a newspaper，talking on the phone，listening to a CD，using the computer，making soup，washing the dishes，exercising 等短语。由于学生好奇心强，模仿能力强，针对这一特点就可以采用做动作的方法进行教授，帮助学生理解的同时也更好地记忆短语。

（三）任务拓展生活化——延伸生活，活化教学拓展

1. 书面作业，联系生活

在英语作业中单词记忆是必不可少的部分。对于生活中几乎无法接触英语的学生来说，运用英语就更罕见，所以，很多学生会反映单词难记。针对这个问题，教师可以给他们提供一个小方法：尽量找些辅助方法来帮助记忆。如让学生给家庭生活用品、学习用品贴标签，学生为了达到美观这一目的，他们书写标签、设计标签时就会非常用心。以这样的方式完成作业，学生不仅提高了学习英语的兴趣，还会为自己能发现并学到这么多的英语词语而高兴异常。

2. 活动作业，激发兴趣

在英语教学中，学生比较喜欢活动作业这一项。因为对于他们来说，这样可以不受教室的束缚，活动作业既可以在校园里进行，也可以在上学、放学途中进行，孩子们三五成群进行自由交流，就算偶尔有错，学生之间也能互相纠正，这也就摆脱了来自老师的那种无形的压力，学生还可以借此发挥出在学习的主体作用。

案例四：介绍自己。新目标七年级上册 Unit 9 My favorite subject is science. 教学内容是谈论自己最喜欢的学科。在进行活动作业时，可以设置“我的爱好”这个活动作业，将课本内容拓展为介绍自己最喜欢的学科、食物、运动等。由于话题熟悉，学生也都有很强的表现欲望，因此学生在活动中表现得很主动、很积极。

“生活和教育是一个东西，而不是两个东西。‘教学做’合一是生活法也是教学法。”（陶行知语）因此，生活化英语教学使课堂教学活动置于真实的生活背景之中，创设生活化的语言氛围，让学生沉浸其中，使英语学习活动充满了无限的生机和活力。

二、“以人为本”在英语课堂教学中的应用

（一）教是为了不教

陶行知先生认为，教学做是一件事，不是三件事。我们要在做上教，在做上学。在做

上教的是先生；在做上学的是学生。无论教师还是学生，“做”是关键，“做”是实践。人就是在社会生活实践中，在与他人的交往行为中，自觉地、积极主动地掌握社会的、个体的经验，探索未知知识，以实现人的全面发展。在陶行知先生看来，它既是生活法，也是教育法，教的方法根据学的方法，学的方法要根据做的方法，教与学都以“做”为中心。

“儿童求学，爰来学校；学校应其求，乃授之以课程。知勉强注入之徒劳也，知利用儿童求知心之事半功倍也，故教授方法采用自学辅导主义，课前令之豫备，课后复令温习，务以养成其自力研修之习惯。”教师的责任不在教，而在教学生怎样去学。如果教师仅仅把书本上的知识教给学生，而不是教学生如何去学、如何去用，即使把课文倒背如流，也徒劳无用。英语教学如果仅仅教英语知识，那只是“填鸭式”教学，使得原本丰富的语言学习变得枯燥无味。这与素质教育“以教师为主导，以学生为主体”的指导思想是相违背的。对此，陶行知先生还作过一个生动的譬喻：“游泳要在水里游，学游泳，就须在水里学。若不下水，只管在岸上读游泳的书籍，做游泳的动作，纵然学了一世，到了下水的时候，还是要沉下去的。”学生的学习亦是如此，光学会书本上的知识，不懂得如何去实践运用，即使把书上的内容倒背如流，又有何用呢？比如，教学 I like football. I don’t like basketball. 这一句型，在让学生经过了必要的朗读、替换练习后，可以让学生选择老师准备的任务建议，即兴用英语进行交流。学生的主体作用得到了充分的体现，比如向他人说明自己喜欢什么体育活动，告诉体育委员自己要参加运动会的什么体育项目，调查本班同学最喜欢的体育项目，参加“最受本班（本组）同学喜爱的体育活动”调查，等等，这些鲜活的内容，用英语从学生嘴里一一“流”出来了。这样，通过一个相对真实的环境，学生都能尝试着用英语表达自己的喜好，从而较好地掌握 I like... I don’t like... 等用语。正如陶行知先生所说的：“与其让学生被动地填入一些零碎的知识，不如给他们几把钥匙，使他们可以自动地去开发文化的金库和宇宙的宝藏。”

（二）创设真实的语言环境，培养学生的英语体验和实践能力

《英语课程标准》倡导任务型的教学模式，提倡教学活动要贴近学生的生活经历和体验。这符合陶行知先生的“做中学”理论。他说：“做是学的中心，也是教的中心。”由此，我们教师的英语教学应该尽可能创设真实的、贴近学生生活的语言环境，注重学生的体验和实践能力。那么，如何构筑一个真实的英语环境？可从以下几个方面来努力。

1. 培养兴趣，激发潜能

兴趣是成功的第一要素，是创造能力发展的必要条件。浓厚的兴趣能吸引学生的注意

力、思考力和想象力，促进学生积极地去观察和思考。所以，我们的教学要尽可能贴近学生的生活，使学生都带着兴趣去学习、认知、理解，从而激发他们的学习潜能，使他们的学习获得明显的成效。在教学过程中，要力求最大限度地激发学生的学习兴趣。比如，在交际用语教学时，注意穿插语言背景知识，比较中西方文化的差异，使知识来源于生活、服务于生活。在阅读教学时，让学生去查找背景材料，并用自己的语言做简单介绍。教师可以针对课文的内容提出一些拓展性的问题，将语言知识与生活实践结合起来。现代教学论强调是 creative and practice，注重学生的思维创造和实践能力。所以，在课堂教学中教师要尽可能创设真实的语言环境让学生去模拟对话，一方面培养学生的实践运用能力，另一方面激发学生的参与意识。

2. 因势利导，关注社会

充分利用课堂教学，把课本知识及外界的现实世界相联系，引导学生关注社会。“千教万教，教人求真；千学万学，学做真人。”“知识要从行动中来，不行动而求知识，是靠不住的。”语言来源于生活，生活处处是教育。因为社会即学校，生活即教育。

案例五：新目标八年级上第一单元 Go on vacation 是学生感兴趣的话题。在我们关注旅行的同时，要知道什么才是文明出行呢？因此，在上完整个单元之后，教师可以让学生去查阅一些不文明出行的图片和报道，针对各种不文明的现象，提出自己的看法，并发出倡议。这种教学活动不仅可以使学生在活动中运用英语，更能增强学生的参与意识，树立正确的人生观、世界观，体现素质教育“以人为本”的教育理念，培养全面发展的人才。

（三）转换观念，教学相长

和谐的师生关系应该表现为教师和学生在人格上的平等，在活动中是民主的，在相处的氛围上是融洽的。要使学生与教师在相互尊重、合作、信任中全面发展自己，获得生命价值的体验，感受成功的喜悦。

1. 转变观念，建立平等的师生关系

在传统的教学模式中，教师总是高高在上，师生关系紧张。学生不敢发表自己的真实言论，这使学生自主性得不到充分发挥，在很大程度上扼杀了学生的创造性思维。我们要让教育做到“以人为本，以学生的发展为宗旨”，首先就要善于“倾听”，跟学生平等对话。鼓励学生发表自己的观点，站在他们的角度看问题，真正做到“尊重学生主体地位”。

2. 人人为师，教学相长

陶行知先生提出，民众教育的根本就是把知识散给大众。要把教育知识变成空气一样，弥漫于宇宙，荡涤于乾坤，普及众生，人人都得以呼吸知识的空气。把知识变成空气最好的办法就是广泛使用小先生。何谓“小先生”？也就是学生也可以做老师，每个学生都可以参与知识信息的交流。比如，让学生充当教师的角色，轮流去负责课前预备的那两分钟。他们可以带领其他同学读英语单词、课文，也可以让同学们听写，或者让同学们回答上一节课学过的知识，等等。每天正式上课前让一名同学 give a report，他们可以根据学过的知识，挑选自己感兴趣的话题，讲英语故事等。例如：Hello，everyone. Today I’m going to…，Now let’s begin our class，please welcome Mr. Wang. 等等。当然，为了激发他们的兴趣，教师可以将活动过程进行录像，课后交给学生去观摩、讨论，以便今后进一步提高。还可以让学生注意收集作业当中出现的问题，编辑成一套习题集，供同学们练习。教师可以邀请“小先生志愿者”，让他们从学生的角度去分析问题，这样，一方面能激发学生的学习兴趣，另一方面能更好地了解学生的学习状况。当然，教师给学生之前的指导和之后的补充是必不可少的。

陶先生说：“捧着一颗心来，不带半根草去。你们抱着这种精神去教导小朋友，总是不会错的。”我们教师不仅仅是学生成长路上的引路人，更是学生的朋友。要允许学生缺点的存在，对他们多一份尊重、多一些爱心，要让他们真真切切地感受到教师的爱。要帮助他们扬长避短，逐步提高。特别是对基础较为薄弱的学生，我们更应该敞开心胸。更多地寻找表扬他们的机会，真正落实陶行知先生“以人为本”的教育思想。这种“以人为本”的教育理念对提升我们教师自身素质，对激发学生学习兴趣和培养学生英语综合运用能力，对提高英语课堂教学实效有着非常重要的意义。

三、巧用智慧课堂优化活动设计

回顾以往的课堂教学改革，改来改去，说到底都离不开这两条：要么鼓励学生自觉学习，要么探索班级体制下不同类型的学生如何区别对待。凡是在这两点上取得一些经验的课堂改革，往往都是比较成功的。智慧课堂就可以实现多种互动，可拓展学习的时空。以提升初中英语阅读课教学效率为例，智慧课堂就可以在课前推送资源及相关学习素材，方便学生自主预习；课中，可进行实时多媒体教学、移动教学、互动教学、多样性即时测评、个体交互讲评等功能；课后，可阅读教学中存在的难点或不能够当堂解决的问题，可以课后作业的方式或者专题资源，如微课等共享的方式推送给学生，以帮助学生理解和巩固。智慧课堂打破传统的单向教学模式，实现全员参与式师生互动教学，使课堂内的沟通及信息分享更加充分，全面提高课堂参与度，打造了研讨式、体验式的创新互动教学新环境，不仅让课堂变得更加灵动，而且能够实现个性化教学，从而提升英语阅读课堂教学的有效性。

（一）运用智慧课堂，巧设阅读预习作业，提升课堂教学的精准性

在智慧课堂，课前，学生已经对相关的文本内容进行了预加工，许多问题其实已经得到了基本解决或部分解决，一些有关的基础知识或者阅读材料的背景知识在预习阶段也得到了补充和恢复。显然，新课的压力和难度自然减小了许多。通过智慧课堂的数据分析，学生能较为准确地了解本节课的难点与要点，更便于教师重新制订合适的教学设计，以求达到精准化的教学目标。

例如，在教授新目标八年级英语上册第五单元 Section B 部分阅读时，针对文章讨论的 Mickey Mouse，教师可以预先设计好题目，通过平台发送给学生。第一题：What does he look like？这种提取信息较为简单的题目可以作为第一类型的题目。第二题：How much do you know about Mickey？这种类型的题目可以让学生主动查阅资料，获取有用的信息，同时对文本内容正好有个熟悉的过程。第三类型的题目可以考查学生对文章的理解，比如 Why did people want to be like Mickey？教师可以通过检查学生完成的效果，根据大数据分析，制订本节课的教学设计，以便更有针对性地提升阅读课的课堂教学实效性。

在英语阅读课前，教师通过智慧课堂模式来进行活动的设计，既能帮助学生为后续的阅读活动打下坚实的基础，又能为教师自己的精准教学提供准确的数据支撑。

（二）运用智慧课堂视频与音频的兼容性，提升课堂教学的趣味性

智慧课堂具有丰富的表现力和可操作性，能根据教学需要，将教学内容化难为易，化远为近，化虚为实，实施精准化教学。智慧课堂既可以把空间和时间放大，又可以把时间和空间缩小，从而使教学内容中设计的事物、现象和过程全部再现于课堂，让学生产生犹如耳闻目睹和身临其境的感觉。例如，在新目标九年级英语 Unit8 Stonehenge-Can Anyone Explain Why It Is There？集体备课时，有的英语教师对巨石阵是陌生的，教师们通过反复阅读文本才发现这是历史遗迹。如何让学生跨越时空的界限，对巨石阵有近距离的直观感受呢？在现代多媒体技术的辅助下，教师们找到了许多相关的图片信息、文字信息以及视频信息，经过过滤与筛选后呈现给学生，让远在异国他乡的一座古建筑跃然于学生的眼前。通过视频学习，学生了解到巨石阵是什么，为什么要修建以及古时候人们是怎么修建的，让学生对外国古代文明有所了解，对外国文化也略有感知。不仅如此，教师还可以给

学生准备中国的长城的资料，这是中国文化留给世界的瑰宝，教师借机可以培养学生的家国情怀。类似的阅读课有很多，再如新目标八年级英语下册 Unit10 阅读课 Home town Feelings. 讲述了远在异国他乡的人们，不远万里到祖国寻根的故事。

智慧课堂在英语阅读教学中的应用可以使英语课堂更加灵活和机智，能够演变出无穷的可能性。教师可在课前对需要阅读的文本加以处理，设置浅层的、简易的问题，让学生在课前对文本内容进行梳理。课堂上，教师适时地提出一些有价值、有深度的问题供学生讨论、思考和探索，会有利于学生自主学习，更能刺激学生的视觉，提升课堂教学的趣味性。

（三）运用智慧课堂的分组讨论，提升学生互助的能动性

合作学习（Cooperative Learning）是 20 世纪 70 年代由美国著名教育家大卫·库伯（David Koonts）倡导并实施的，是一种富有创意和实效的新型教学组织形式，也是一种教学理论与策略体系，以教学中的人际合作与互动为基本特征。在阅读教学中运用小组合作学习，就可以改变以往阅读教学的枯燥无味之状态，充分调动每个学生的自主合作学习的积极性，使全体学生都参与阅读活动，既培养他们的团结合作精神，活跃他们的思维，又有助于培养他们良好的阅读习惯，提高他们的阅读能力，提高教师英语阅读课的课堂教学效率。例如，在上新目标九年级英语 Unit 6 When was it invented? 这课时，课前，教师可以运用智慧课堂课前收集有关篮球的资料，包括谁发明的这项运动，什么时候发明的，为什么要发明这项运动，目前这项运动的普及程度以及篮球这项运动的相关规则，等等。学生通过收集资料，了解相关信息，再通过小组的合作与交流，互相启发，拓宽思维，从多个角度去理解这些疑问的本质，这样既可以增强学生的主体意识，又可以提升学生学习互助的能动性。课中，教师可以让学生在小组内在线讨论，超越传统的空间限制，让每一个学生积极参与到班级的讨论中，同学之间相互点评、相互点赞。这些课堂活动能强化学生的主体意识，活跃学生的思维，让学生在互动合作中得到启发，推动思维向广度和深度发展，从而获得阅读能力的有效提高。

（四）利用智慧课堂的思维导图，提升课堂的学习效率

在英语阅读教学中，由于一些教师的教学方式过于传统，导致学生过多地关注英语语言知识本身，而忽视英语内容和形式的训练，致使教师在分析、讲解的过程中完全替代了学生进行思考，没有让学生从文章整体上来把握其意义，只是机械化地从文章中寻找问题

的答案，从而限制了学生阅读能力的提高。而思维导图就可以成倍提高学生学习效率，增强理解和记忆能力。

思维导图由英国学者东尼·巴赞发明，是一种有效的思维模式，是应用于记忆、学习、思考等的思维“地图”，有利于人脑发散思维的展开，简单却又极其有效。思维导图是一种革命性的思维工具。学生在阅读课文时，如果能够把知识用符号、文字、图像等形象地组织和表现出来的话，就会对文章的知识脉络和线索有更清晰的理解和记忆，教师的教学也会起到意想不到的效果，而思维导图则具有这种特殊功能。智慧课堂的英语阅读教学中，师生如果能有效地使用思维导图，则可以帮助学生快速地获取信息，从而提高阅读能力。例如，新目标八年级英语上册 Unit 7 Do You Think You Will Have Your Own Robot? 这堂阅读课，教师就可以采用思维导图的形式开展教学活动，可以分三条线路进行：一是机器人的形状，不同的形状可以在不同的条件下帮助人们做不司的事情；二是机器人的发展过程，影视作品中的机器人、现在出现的机器人、未来的机器人；三是关于机器人，科学家所持有的观点，并借此引导学生表达自己的观点。学生可在讨论区写下自己的观点，教师通过收集、汇总并提炼出相似度高的看法，集中展示学生的集体智慧。

教师运用智慧课堂中的思维导图构架语篇内容层次，复述并拓展运用课文，可以提高学生获取信息的能力，激发学生的联想与创意，以提升阅读速度和阅读效率。

（五）智慧课堂可优化课后作业，实现个性化教学，增强作业的效用

一节好课，不仅限于课堂之内，更体现在课堂之外。课后作业是课堂的延伸，传统的阅读教学常见的作业布置有两种形式：一是书面形式，二是口头形式。书面作业主要包括对原文的缩写（改写）或是仿写，或是对文本的深度解析，写出自己的感想等；口头作业主要包括复述文章、做调查、采访等。无论是哪种形式，都缺乏作业的针对性和有效性。智慧课堂教学情境下，教师就可以实现作业布置的层次性、针对性目标，能够做到分层布置作业、个性化推送作业，这就增加了作业的弹性，把选择权交给学生，很大程度上培养了学生自主学习的能力。智慧课堂还能够实现作业布置多样性，避免枯燥的抄写、简单的记忆。教师能够设计形式多样的练习对语言知识加以巩固，阅读课可以结合听、说、写来加强训练。如，阅读材料可以作为听力材料，可以改为完形填空，可以作为讨论的话题，还可以当作书面表达作业来要求学生进行改写、续写等。其实，我们教师也可以把作业设置成为动手操作的实践作业、自我探究的作业、走进自然或是走进生活等创新型作业。借助于优质的课后作业布置，教师能够调动学生对英语阅读的兴趣，培养学生英语课外阅读

习惯，提升学生英语阅读能力。

智慧课堂是我们教育工作者的毕生追求，教师所追求的智慧课堂是以完善学生的人格成长，促进学生的智慧发展，提高学生的综合素养为目标的理想课堂。智慧课堂要求我们教师在课堂教学中要注重让学生“感受过程，习得规律，发展智慧”，还要让学生积极地阅读、体验与分享，要培养学生积极的英语思维能力。教师要潜心研究教材文本，合理借助于现代化的科技产品来辅助教学，要综合考虑自己所面对的授课对象，设计丰富多样、科学高效、符合学生特点的英语阅读实践活动，不断丰富学生的阅读体验。教师要努力与时俱进，不断加强学习，利用自己的聪明才智，努力提升自己的教育智慧，借智慧课堂的东风，切实优化课前、课中以及课后的每一个教学环节，真正实现智慧课堂让英语阅读教学变得更加智慧，实现英语阅读课教学的效益最大化。

结束语

随着人类进入信息化时代，全球化进程不断加快，交通工具、通信技术等也在不断发展，这使得人们之间的交往日益紧密，尤其是不同文化背景下的人们的交往。因此，在当今时代，跨文化交际已经成为人们不容回避的事实。对国际化人才进行衡量的标准就是其是否具备跨文化交际能力。这就要求我们在英语教学中，注重跨文化教育，将跨文化交际的内容融入英语教学中，这样才能真正地提升学生的跨文化交际能力，使他们成为国际化的英语人才。总体而言，本书内容全面，视角新颖，逻辑严谨，做到了理论与实践相统一，希望能为我国英语教学研究带来一定的启示。

本书是作者对跨文化视角下英语教学理论与方法相关内容的研究与分析，表达了对该领域未来发展的期望。希望本书能为该领域的研究添砖加瓦，为推进英语教育的发展贡献力量。

在成书的过程中，作者参阅了大量的资料和文献，也参考了相关专家和学者的观点，并得到了多位学者的大力支持，在此一并表示感谢。由于时间仓促，加之写作水平有限，书中难免有错误和疏漏之处，还望广大读者批评指正。

参考文献

[1] 王双，熊潇潇，李俊. 跨文化视角下的大学英语教学创新研究［M］. 北京：中国华侨出版社，2023. 05.

[2] 陈冬妍. 跨文化视角下的大学英语教学理论与实践研究［M］. 北京：中国纺织出版社，2023. 02.

[3] 代思师，李艳. 跨文化教育背景下的大学英语教学研究［M］. 北京：北京教育出版社，2023. 04.

[4] 唐旻丽，崔国东，盛园. 跨文化视角下的英语教学理论与方法探究［M］. 长春：吉林人民出版社，2021. 05.

[5] 张雪莉. 文化自信视角下英语教学中跨文化交际能力培养路径探索［M］. 北京：九州出版社，2020. 08.

[6] 张鑫，张波，胡小燕. 跨文化交际视阈下大学英语教学理论构建与创新路径［M］. 长春：吉林大学出版社，2020. 08.

[7] 郭晶晶. 跨文化交际与英语教学的融合研究［M］. 北京：北京工业大学出版社，2019. 08.

[8] 王丹丹，员珍珍. 中外文化视角下英语教学探索［M］. 长春：吉林出版集团股份有限公司，2019. 06.

[9] 陈爱玲. 跨文化交际语境下的大学英语教学探究［M］. 北京：中国书籍出版社，2019. 04.

[10] 丁燕. 互动与融合跨文化与英语教学［M］. 北京：九州出版社，2020.

[11] 霍然. 跨文化英语教学研究［M］. 长春：吉林出版集团股份有限公司，2019. 05.

[12] 何冰，姜静静，王婧. 现代跨文化英语教学与课程设计研究［M］. 长春：吉林人民出版社，2019. 10.

[13] 朱慧阳. 英语教学与跨文化交际研究［M］. 长春：吉林出版集团股份有限公司，

2021. 04.

［14］曲琳琳. 跨文化视野下英语教学研究［M］. 天津：天津科学技术出版社，2020. 04.

［15］阮国艳. 跨文化交际英语教学与研究［M］. 北京：中国纺织出版社，2020. 06.

［16］李静，闫海生，杨晶佩宜. 跨文化视角下的英语教学创新与实践探索［M］. 上海：上海交通大学出版社，2018. 01.

［17］张彩霞. 跨文化交际视角下大学英语教学的改革［M］. 北京：中国水利水电出版社，2018. 01.

［18］李红. 跨文化视角下大学英语教学模式研究［M］. 长春：吉林教育出版社，2018. 07.

［19］王海霞. 跨文化视角下大学英语教学探究［M］. 延吉：延边大学出版社，2018. 03.

［20］王静. 跨文化视角下的英语翻译理论与实践探究［M］. 长春：吉林人民出版社，2018. 09.

［21］张晓冬. 跨文化背景下大学英语教学研究［M］. 长春：吉林大学出版社，2018. 11.

［22］郭炜峰，董奕枫. 英语教学与文化传播［M］. 延吉：延边大学出版社，2018. 10.

［23］郑侠，李京函，李恩. 多元文化视角下的大学英语教学研究［M］. 北京：知识产权出版社，2018. 05.

［24］李春兰. 跨文化交际理论应用于高校英语教学的实践研究［M］. 徐州：中国矿业大学出版社，2018. 10.

［25］刘和林，谢志辉. 跨文化交际与文化鉴赏英语教程［M］. 长沙：湖南大学出版社，2022. 02.

［26］王景文. 跨文化交际与高校英语教学研究［M］. 长春：吉林出版集团股份有限公司，2022. 06.

［27］赵素君. 英语跨文化交际能力培养研究［M］. 长春：吉林出版集团股份有限公司，2021. 08.

［28］欧敏鸿. 跨文化视域下英语翻译的解读［M］. 天津：天津科学技术出版社，2020. 05.

［29］周榕，刘敏，王韵青. 英语跨文化教育教学研究［M］. 长春：吉林人民出版社，2020. 10.

［30］熊丽. 跨文化交际与英语教学研究［M］. 哈尔滨：哈尔滨出版，2020. 11.